C.H.BECK WISSEN

«Form follows function», «menschliche Proportionen» – manche Schlagworte der Architekturtheorie hat jeder im Ohr. Architekturtheorie setzt sich mit den fundamentalen Fragen des Bauens auseinander. Diese reichen von den idealen Formen über den Zweck der Bauwerke bis zum Verhältnis zwischen Architektur und Gesellschaft. Dietrich Erben gibt einen kompakten, luziden Überblick über die wichtigsten Ideen seit der Antike und zeichnet die vielstimmigen Diskussionen der Gegenwart nach. Dabei beschreibt er auch, in welcher Form diese Ideen in den berühmten Schriften zur Architekturtheorie präsentiert werden. Architekturtheorie ist aus der Anschauung gespeist und kann umgekehrt die stummen Bauten zum Sprechen bringen. Daher ist dieser Band auch eine anregende Anleitung zum Betrachten von gebauter Architektur.

Dietrich Erben ist Professor für Theorie und Geschichte von Architektur, Kunst und Design an der Technischen Universität München. Bei C.H.Beck ist von ihm u.a. erschienen: *Die Kunst des Barock* (2008).

Dietrich Erben

ARCHITEKTURTHEORIE

Eine Geschichte von der Antike bis zur Gegenwart

Verlag C.H.Beck

Mit 18 Abbildungen

Originalausgabe

Satz: Fotosatz Amann, Memmingen
Druck und Bindung: Druckerei C.H.Beck, Nördlingen
Umschlagabbildung: Kenotaph Newtons. Zeichnung von Étienne-Louis Boullée, 1784
Umschlagentwurf: Uwe Göbel
Printed in Germany
ISBN 978 3 406 71431 3

www.chbeck.de

Inhalt

I. Nachdenken über Architektur

Selbstbegründungen der Theorie

In der griechischen Antike war der Theoretiker ein Berichterstatter. Der *theōros* wurde von seiner *polis* zu einer fernen Feierlichkeit abgesandt, damit er später davon in der Heimat erzählen konnte. Es handelte sich bei diesen Festen vor allem um Opferfeiern für eine Gottheit und um Orakelzeremonien, wie sie in Delphi stattfanden. Berichtet wurde darüber hinaus auch über die mit solchen religiösen Kulten verbundenen Theateraufführungen oder die ebenfalls anfänglich religiös inspirierten Wettkämpfe in Olympia. Allmählich löste sich der Begriff der *theōria* aus diesen sakralen Bezügen und wurde als Bezeichnung für jedweden Akt des reflektierten Zuschauens verwendet. Schon für Aristoteles ist Theorie die Lehre, die aus der Betrachtung gezogen werden kann. So zeichnet sich der ursprüngliche Status des Theoretikers dadurch aus, dass er zwar kein unmittelbarer Teilnehmer am Geschehen war, aber doch ein direkter Beobachter von Ereignissen und Dingen, die sein Publikum nicht kannte und von denen es durch seine Reden erfuhr.

Neben dieser sozialen Rollenverteilung ist an den archaischen Ursprüngen der Theorie vor allem die erzählerische Konstellation von Interesse. Die Herausforderungen, vor denen der *theōros* stand, lassen sich ebenso anschaulich wie grundsätzlich fassen und haben bis heute nichts von ihrer Relevanz eingebüßt. Die Nachträglichkeit der Schilderung setzt nicht nur eine geordnete Wahrnehmung des Gesehenen und Erlebten, sondern auch eine strukturierte Gedächtnisleistung voraus. Die Nahinformation und die auf sinnlich fassbaren Beobachtungen beruhende Empirie werden zu einem durch die Erzählung zugänglichen Fernwissen umgemünzt. Damit gehen unvermeidlich die Distanzierung von der Wirklichkeit und deren Abstraktion einher. Beides wird durch die Erweiterung des Adressatenkreises zusätzlich befördert. Subjektive Einsichten müssen nun für eine Publikumsmehrheit in eine erzählerische Form gebracht werden. Gemeint ist damit systematische, möglichst widerspruchsfreie Plausibilität einerseits; andererseits geht es um die Vergegenwärtigung der Beobachtung und letztlich um die Dramatisierung der ursprünglichen sinnlich vermittelten Beobachtung durch das Reden. Über all diesen durchaus taktischen Raffinessen schwebt das ernste Problem der Glaubwürdigkeit des Theoretikers und der Verlässlichkeit seiner *theōria*. Denn es versteht sich keineswegs von selbst, dass die Erzählungen des *theōros* überzeugen und vielleicht sogar Beifall finden. Wenn man ihm am Ende Glauben schenkt, dann beruht dies nicht nur auf der inneren Schlüssigkeit seines Berichts, sondern vielmehr noch auf dessen Form: das heißt auf der detailreichen Fülle seines Wissens, auf den raffinierten Volten im Argumentationsgang, den überraschenden rhetorischen Figuren und Bezügen, den wirkungsvollen bildlichen Ausschmückungen – mit einem Wort, auf der Schönheit seiner Theorie.

Auch von dieser Ästhetik der Architekturtheorie soll im vorliegenden Buch die Rede sein. Architekturtheorie ist sowohl eine Bezeichnung für die intellektuelle Auseinandersetzung mit der Architektur als auch eine Umschreibung für einen kaum überschaubaren Kosmos von Büchern. In ihnen dokumentiert sich das Nachdenken über Architektur sowohl in Texten als auch in Bildern. Die Autoren dieser Schriften – Autorinnen melden sich erst seit einigen Jahren und nur vereinzelt zu Wort, und Architekturtheorie ist wie das Bauwesen selbst bis heute eine Männerdomäne –, die Autoren also setzen sich mit unzähligen Sachfragen in Bezug auf die Profession der Architekten und die wissenschaftliche Disziplin der Architektur auseinander. Dementsprechend wird auch im Folgenden die Rede sein vom Ursprung des Bauens, von Baumaterialien und der konstruktiven Solidität eines Gebäudes, von Proportionen und Säulenordnungen, von funktionaler Zweckmäßigkeit, vom Verhältnis zwischen Architekt und Bauherrn, vom Zusammenhang zwischen Architektur und Gesellschaft. Architekturtheorie ist, wie jede Theorie, ein System von Aussagen, die sich gegenseitig begründen. Dabei kommt keine Theorie ohne Grundbegriffe aus, mit denen ein Programm erst formuliert werden kann; sie beruhen ihrerseits auf einem «Erfahrungsraum» und eröffnen einen «Erwartungshorizont» (Reinhart Koselleck).

Über diese Sachebene der Mitteilung hinaus soll aber auch die Art des Redens über die Architektur und die Machart der Bücher, in denen dies geschieht, nicht aus dem Blick geraten. Dieses Buch stellt daher immer wieder die Frage nach den kommunikativen Bedingungen von Architekturtheorie und den ästhetischen Besonderheiten dieses Theoriesektors. Architekturtheorie verzeichnet und erörtert den Wortschatz und die Grammatik der Sprache des Bauens. Wie ihr Gegenstand, die Architektur, unterliegt sie aber auch selbst, als Theorie, bestimmten Regeln der Mitteilung. So muss es also im Folgenden wenigstens andeutungsweise auch um institutionelle Milieus gehen, wie z. B. Humanistenzirkel und Fürstenhöfe, Akademien und Universitäten, Buchverlage und Architekturbüros. Überall dort wurde Architekturtheorie hervorgebracht. Zu berücksichtigen sind darüber hinaus die verschiedenen Textgattungen wie Traktat, Essay, Antikenpublikation oder Manifest, in denen sie ausgearbeitet wurde und wird, und damit auch die unterschiedlichen Adressaten wie Bauherren, Handwerker, Architekten oder allgemeines Publikum. Denn man hat Gattungen auch als «Verträge» beschrieben, also als Übereinkünfte zwischen Autor und Publikum innerhalb der jeweiligen Gesellschaftskontexte. Bei einem solchen Gattungsverständnis zeigt sich, dass sich bis heute jede Architekturtheorie mit den Erzählproblemen konfrontiert sieht, mit denen sich schon der erste *theōros* herumschlagen musste.

Dabei geht es sowohl um die direkte Ideologiekritik einzelner Theorieansätze, als auch um deren historische Einordnung und Kontextualisierung in weiteren Gesellschaftszusammenhängen. Diese Konstellation zwischen Ideen- und Gesellschaftsgeschichte entspricht nicht nur den methodischen Interessen des Verfassers. Sie leitet im Übrigen die Auswahl des Materials an, die bei einem handlichen Format wie dem vorliegenden selbstverständlich erforderlich ist. Wenn hier an einer konventionellen, um nicht zu sagen altmodischen Chronologie festgehalten wird, so steckt darin ein wesentliches Argument. Es besteht schlicht darin, dass sich ein Architekturtheoretiker fast immer auf den anderen beruft. Das heißt nicht (oder nicht nur), dass einer vom anderen abschreibt (was oft genug der Fall ist), sondern dass Architekturtheorie insgesamt ein Traditionsunternehmen ist. Sie stellt aber in jedem Einzelfall zugleich auch eine jeweils zeitgebundene Problemdiagnose. Eine geschichtliche Anordnung des Materials macht auf Anhieb verständlich, dass es sich bei der Architekturtheorie um einen, um ein stark strapaziertes Wort zu verwenden, Diskurs handelt, in dem die schriftlich und bildlich fixierte, zunehmend in besonderen Argumentationsweisen und einer Fachsprache systematisierte Reflexion über Architektur verstetigt wird. Dabei gehört es zu den Besonderheiten dieses Diskurses, dass das Alte durch das Neue nicht überschrieben wird, sondern in andauernden Akten kritischer Überprüfung erhalten bleibt. Das unterscheidet ihn von vielen anderen Wissenschafts- und Technikdiskursen wie der Medizin, der Physik oder dem Maschinenbau, in denen älteres Wissen oftmals radikal getilgt wird. Man wird in einem modernen schulmedizinischen Handbuch keinen Verweis mehr auf die antike Heilkunde finden, aber kaum eine aktuelle Bauentwurfslehre verzichtet auf Hinweise auf die epochalen, aus der römischen Kaiserzeit stammenden *Zehn Bücher über die Architektur* von Vitruv. Das Theoriegebäude der Architektur wurde also buchstäblich über Jahrhunderte hinweg ausgebessert und ertüchtigt, mit neuen Zugängen versehen, komfortabler ausgebaut, erweitert und aufgestockt. Aber der Ausgangsbau bleibt weiterhin sichtbar. Wie bei jedem Gebäude wird auch beim Kunstbau architekturtheoretischer Aussagen auf Haltbarkeit geachtet, und wie die Architektur selbst ist auch die zugehörige Theoriebildung eine ausgesprochen stabile Kulturtechnik.

Text, Bild und Buch: Ein Beispiel

Andrea Palladios *Quattro libri dell'architettura* (1570) sind mit ihren zahllosen Auflagen und Übersetzungen nicht nur eines der bekanntesten, sondern auch eines der einflussreichsten Architekturbücher. Sie wurden zu den Gründungsstatuten des Palladianismus, der sich nach dem Erscheinen des Werks für beinahe drei Jahrhunderte als klassizistische Stilrichtung in der Architektur Europas und Nordamerikas etablierte. Diese beispiellose Rezeption begründet sich entscheidend aus den Qualitäten des Textes und der Bilder, vor allem aus deren unübertroffenen inhaltlichen und formalen Prägnanz. So exzeptionell die *Vier Bücher zur Architektur* in ihrer Popularität und Wirkung sind, so exemplarisch sind sie aber auch im Hinblick auf das überaus kalkulierte Zusammenwirken inhaltlicher, formaler und medialer Gestaltungsaspekte des Buches selbst. Nach bedeutsamen Vorarbeiten anderer Autoren der Renaissance gewinnt Architekturtheorie durch den Traktat Palladios einen eigenen, bis heute bewahrten ästhetischen Anspruch, der hier einleitend kurz verdeutlicht werden soll.

In seinem Entstehungsmilieu ist Palladios Buch wie kaum eine andere architekturtheoretische Schrift mit der humanistischen Bildungsbewegung verbunden. Von seinen Förderern Giangiorgio Trissino, Alvise Cornaro und Daniele Barbaro wurde Palladio systematisch in das Studium der antiken Bauwerke sowie des Architekturtraktats von Vitruv eingeführt. Besonders eng war die Zusammenarbeit mit Barbaro, für dessen kommentierte Vitruv-Übersetzung (1556) Palladio Illustrationen anfertigte. Doch lässt der Autor der *Quattro libri* die Grenzen dieses exklusiven Milieus weit hinter sich. Im Vorwort zu seinem Traktat versichert Palladio dem Leser, er wolle jedwede Weitschweifigkeit vermeiden, eine geläufige Terminologie verwenden und die erörterten Sachverhalte durch die Bebilderung veranschaulichen. Seine Autorität als Verfasser begründet er mit dem Studium älterer Architekturschriften, seinem Expertenwissen, seiner Erfahrung in der eigenhändigen Vermessung von antiken Bauwerken und nicht zuletzt mit seinem Verständnis für die in den Ruinen immer noch verbürgte «römische Tugend und Größe». All dies erlaube es ihm, nun selbst «gut und anmutig zu bauen», was ihn als Autor im Gegenzug legitimiert, seine eigenen Entwürfe als verbindliche Modelle des Bauens vorzustellen.

Das Buch selbst ist wie ein Gebäude hierarchisch aufgebaut. Im ersten seiner *Vier Bücher* erörtert Palladio die Grundlagen des Bauens – es geht um Baumaterialien, die Anlage eines Hauses vom Fundament bis zum Dach und die regelgemäße Verwendung der Säulenordnungen als der wichtigsten Gestaltungselemente von Fassaden und Innenräumen. Das zweite Buch bildet mit der Präsentation der von Palladio entworfenen Privatbauten in der Stadt und auf dem Land das Kernstück des gesamten Traktats. Auch im dritten Buch über die öffentliche Profanarchitektur sind eigene Entwürfe eingearbeitet, so die berühmten Brückenprojekte Palladios und der Kommunalpalast von Vicenza, die sogenannte *Basilica*. Das vierte Buch widmet sich mit dem Tempelbau schließlich der ranghöchsten Bauaufgabe.

Die *Quattro libri* sind damit ein ebenso übersichtliches wie in seinem Umfang überschaubares Kompendium zu den wichtigsten Gebäudetypen, wobei den öffentlichen Gebäuden die privaten Stadtpaläste und die Villen an die Seite gestellt sind. Über diesen Sektor des Privatbaus war aus der Antike fast nichts bekannt, da bestenfalls vereinzelt Ruinen ausgegraben waren und Vitruv sich hierzu nicht ausführlicher geäußert hatte. So betrat Palladio Neuland, wobei er von der bereits reich entfalteten Bautradition der Frührenaissance im Palast- und Villenbau sowie von diesbezüglichen theoretischen Beiträgen vor allem von Leon Battista Alberti ausging. Er tat dies bei den beiden Bauaufgaben, die für die gesellschaftlichen Eliten seiner Zeit von größter Relevanz waren. Sein Traktat ist – auch darin liegt dessen beispielhafter Rang und Erfolg begründet – ein ebenso normatives wie praktisches Werk. Der allgemeinen Regel kunstvollen Bauens folgt deren konkrete Anwendung, und der ebenso theoretisch gebildete wie im Bauen erfahrene Autor denkt gleichermaßen über Schönheitslehren nach wie über die Anlage von Treppen und Toiletten in den Gebäuden.

Auf all diesen ganz unterschiedlichen Mitteilungsebenen stellen sich die Holzschnitte des Buches als ein unverzichtbares Medium der Anschauung dar. Die Illustrationen sind im Wortsinne die «Erhellungen» der schriftlich vorgetragenen Argumente. Bei der Vielzahl und Qualität der Holzschnitte konnte Palladio von den technischen Errungenschaften sowohl der Buch- als auch der Graphikherstellung profitieren. Die Architekturtraktate seiner Zeit zählen zu den am aufwendigsten gestalteten und gedruckten Fachbüchern überhaupt – konkurrenzfähig sind allenfalls geographische und medizinische Lehrbücher wie die im 16. Jahrhundert ebenfalls aufkommenden, reich mit Landkarten oder anatomischen Schautafeln bebilderten Atlanten. Dass Palladio seine eigenen Bauentwürfe für Paläste und Landhäuser als Modelle für diese beiden Bauaufgaben versteht, zeigt sich unmittelbar im Darstellungsstil der Holzschnitte. Gegenüber dem Planmaterial für die ausgeführten Gebäude haben die Darstellungen im Traktat teils erhebliche Überarbeitungen erfahren. Palladio tilgt Unregelmäßigkeiten im Grundriss, die oftmals durch den Baugrund oder die Übernahme bereits bestehender Gebäudeteile erzwungen waren. Er steigert die Größenverhältnisse, vermehrt den Bauschmuck der Ornamente und Statuen oder zeigt Bauten, die niemals fertiggestellt wurden, im Zustand der Vollendung. In analoger Weise verfährt er bei den äußerst detailreichen Darstellungen antiker Gebäude, die er nicht in ihrem damaligen Erhaltungszustand wiedergibt, sondern auf der Grundlage seiner eigenen Vermessungen der Ruinenreste modellhaft rekonstruiert. Wenn sich Palladio sowohl bei seinen eigenen Bauten als auch bei denjenigen der Antike nicht bedingungslos an den tatsächlichen Bestand hält, so fühlt er sich einer die Wirklichkeit überhöhenden Formidee verpflichtet und nicht modern gedachten wissenschaftlichen Maximen empirischer Genauigkeit.

In den einzelnen Gebäudedarstellungen gewinnt diese idealisierende Überarbeitung eine eindrucksvolle Anschaulichkeit. Die bei der Ortschaft Maser im Veneto gelegene Villa Barbaro (Abb. 1) gehört zu den berühmten Villenschöpfungen Palladios, in denen der Architekt das in der Mitte der Anlage gelegene

Haupthaus mit den landwirtschaftlichen Nebengebäuden sowie den Hof- und Gartenanlagen zu einem harmonischen Ensemble vereint hat. Die Präsentation der Villa auf einer Buchseite der *Quattro libri* folgt beispielhaft einem Layout, das Palladio auch für andere Bauten verwendet. Mit der kurzen Texterläuterung am oberen Seitenrand korrespondiert die Gebäudeansicht am unteren Rand, und beide fixieren visuell die Text-Bild-Einheit. In der Mitte der Buchseite aber ist der Grundriss der Villa in geradezu majestätischer Weite ausgebreitet. In den Plan eingetragen sind neben den Gebäuden auch die Umfassungsmauern des Hofes und die hinter dem Haus gelegene, halbkreisförmige Brunnenanlage. Ansicht und Grundriss sind in der Breitenerstreckung und in den Binnenmaßen penibel aufeinander abgestimmt, was es dem Betrachter erleichtert, sich beim hohen Abstraktionsgrad der Darstellungen in Plan und Aufriss zurechtzufinden und sich beide in einer synchronisierenden Lektüre verständlich zu machen. Grundriss und Fassadenansicht sind damit strikt aufeinander bezogen, schweben aber gemeinsam mit den Zeilen des Textes auf dem Papiergrund. Palladio versagt sich jedwede illusionistischen Effekte, er verzichtet auf eine bildhafte Rahmung des Holzschnitts ebenso wie auf Angaben zur Topographie. Hierzu gibt er zwar Hinweise in der Texterläuterung, doch bei den Bildern sind die Mitspracherechte des Baugrundstücks verstummt. Wie der Gestaltungssatz der Buchstaben ist auch die Architektur, so müssen wir diese Darstellungsweise verstehen, gleichsam auf der leeren Buchseite entworfen. Palladio löst den Anspruch, die eigenen Entwürfe von Palästen und Villen seiner Leserschaft als mustergültige Lösungen dieser beiden Bauaufgaben zu vermitteln, nicht nur durch die perfektionierte Form ihrer Darstellung ein. Auch dadurch, dass er sie in der Bildwiedergabe den historischen Entstehungsbedingungen enthebt, werden die Bauwerke als ideale *exempla* verfügbar gemacht.

Wie jedes Buch unterliegen auch architekturtheoretische Fachbücher vielfältigen gesellschaftlichen Bedingungen. Im Falle von Palladios *Quattro libri* sind diese schlagwortartig zu benennen mit der sich von Vitruv herleitenden Gattungstradition des

SECONDO. 51

LA SOTTOPOSTA fabrica è à Maſera Villa vicina ad Aſolo Caſtello del Triuigiano, di Monſignor Reuerendiſsimo Eletto di Aquileia, e del Magnifico Signor Marc'Antonio fratelli de' Barbari. Quella parte della fabrica, che eſce alquanto in fuori; ha due ordini di ſtanze, il piano di quelle di ſopra è à pari del piano del cortile di dietro, oue è tagliata nel monte rincontro alla caſa vna fontana con infiniti ornamenti di ſtucco, e di pittura. Fa queſta fonte vn laghetto, che ſerue per peſchiera: da queſto luogo partitaſi l'acqua ſcorre nella cucina, & dapoi irrigati i giardini, che ſono dalla deſtra, e ſiniſtra parte della ſtrada, la quale pian piano aſcendendo conduce alla fabrica; fà due peſchiere co i loro beueratori ſopra la ſtrada commune: d'onde partitaſi; adacqua il Bruolo, ilquale è grandiſsimo, e pieno di frutti eccellentiſsimi, e di diuerſe ſeluaticine. La facciata della caſa del padrone hà quattro colonne di ordine Ionico: il capitello di quelle de gli angoli fa fronte da due parti: i quai capitelli come ſi facciano; porrò nel libro de i Tempij. Dall'vna, e l'altra parte ui ſono loggie, le quali nell'eſtremità hanno due colombare, e ſotto quelle ui ſono luoghi da fare i uini, e le ſtalle, e gli altri luoghi per l'vſo di Villa.

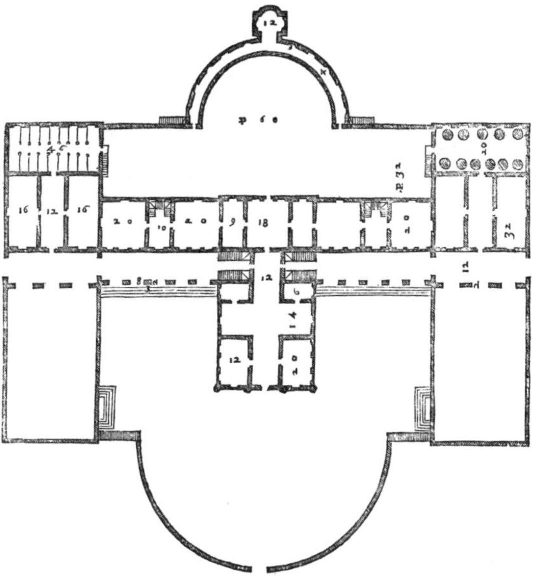

GG 2 LA SEGVENTE

1 – Texterläuterung, Grund- und Aufriss der Villa Barbaro in Maser. Andrea Palladio, *Quattro libri dell'architettura*, 1570.

Architekturtraktats, dem Entstehungsmilieu der humanistischen Gelehrtenkreise, dem Adressatenmilieu einer ebenso gebildeten, in der Stadt wie auf dem Lande ansässigen patrizischen Oberschicht und schließlich mit den erfolgreichen Innovationen von Buchherstellung und Druckgraphik. Die Besonderheiten architekturtheoretischer Bücher liegen, wie sich ebenfalls bei Palladio zeigt, in einer recht speziellen Kompetenzzuweisung an Verfasser und Leser. So hat der Autor nicht nur den Text, sondern auch die Entwurfsvorlagen für die Illustrationen geliefert, er kann also als die Gestaltungsinstanz des gesamten Buches gelten. Der Benutzer des Buches ist gleichermaßen der Leser des Textes und der Betrachter der Illustrationen, und es ist ihm aufgegeben, die Gestaltungseinheit des Buches zu entschlüsseln und aus ihr für die mitgeteilten Inhalte Funken zu schlagen. All dies gilt in den Grundzügen nicht nur bis heute, sondern reicht im Prinzip zurück bis in die Anfänge der Architekturtheorie in der Antike.

II. Vitruv und die Anfänge der Architekturtheorie

Geschichten vom Beginn des Bauens

Ohne Vitruv wäre die Geschichte der Architekturtheorie anders verlaufen. Selbst wenn man jedweder historischen Spekulation skeptisch gegenüber steht, gibt es an dieser Feststellung keinen Zweifel, denn zu übermächtig ist die immerhin seit zwei Jahrtausenden andauernde Auseinandersetzung mit den *Zehn Büchern über die Architektur*. Das Buch galt bis ins 19. Jahrhundert als unumstößliche Bezugsinstanz der Architekturlehre, wobei sich Verehrung und Schelte durchaus die Waage hielten. *De architectura* ist nicht nur ein grundlegender, sondern auch ein äußerst gründlicher Architekturtraktat. Das Werk ist inhaltlich als enzyklopädisches Handbuch organisiert, das den Anspruch universeller Bildung sowohl der Architekten- als auch der Bauherrnschaft und eines weiteren Benutzerkreises erhebt. Dargestellt wird das Tätigkeitsfeld des Architekten in der gesamten Breite der Fachgebiete vom Hochbau (*aedificatio*) bis zum Maschinen- und Wasserbau unter den vielfältigsten technischen, sozialen und ästhetischen Bedingungen. Dies lässt bereits die schematische Übersicht über die zehn Bücher (Kapitel) ermessen: I. Ausbildung des Architekten, ästhetische Grundbegriffe; II. Entstehung der Architektur; Baumaterial und Bautechnik; III.–IV. Tempelbau; V. Öffentliche Profanbauten; VI.–VII. Privathäuser; VIII. Wasserbau; IX. Astronomie und Zeitmessung; X. Mechanik und Maschinenbau.

Der Autor ist nur nach seinem lateinischen Gentilnamen Vitruvius bekannt, und alles, was wir von ihm wissen, erfahren wir ausschließlich aus seinem eigenen Werk. Vitruv war als – nicht sonderlich erfolgreicher – Architekt, Wasserbauingenieur und Waffenbauer unter Caesar und Kaiser Augustus tätig und vollendete die *De architectura libri decem* nach gut zehnjähriger Arbeitszeit um 23 v. Chr. Verstreut über das ganze Werk sind weitere autobiographische Angaben, so etwa zum Ausbildungsweg des Verfassers; in der Vorrede zum zweiten Buch sagt er über sich selbst, er sei «alt, klein und hässlich».

Nach dem, was wir heute darüber wissen, liegen die Anfänge der Architekturtheorie im Wesentlichen in Baubeschreibungen und Kommentaren zu einzelnen Bauwerken. Zu dieser Textform der *Ekphrasis* gehören z. B. die ausführlichen Beschreibungen des Salomonischen Tempelbezirks in Jerusalem im Alten Testament (u. a. 1 Könige 6–8; 2 Chronik 2–4; Ezechiel 40–44). Nach solchen vereinzelten Lobreden auf berühmte Gebäude sind es erst Vitruvs *Zehn Bücher*, mit denen sich in der europäischen Geistesgeschichte das systematische Nachdenken über Architektur entfaltet. In Vitruvs Werk wird zudem der Anfang des Bauens erstmals und fortwirkend für alle Zeiten zum Thema gemacht. Die kanonische Verbindlichkeit dieses Sujets zeigt sich, wenn heute vor allem im Rahmen der Architekturanthropologie nach Antworten auf einige grundlegende Fragen gesucht wird: Warum baut der Mensch? Was sagt Architektur über ihn als Geschöpf von Natur und Kultur aus? Was müssen wir unter sich wandelnden physiologischen, psychischen und sozialhistorischen Bedingungen unter Architektur als Mittel der Adaption des Menschen an die jeweilige Umwelt verstehen? Die bereits von Vitruv gegebenen Antworten haben sich nachdrücklich in den Geschichtsfundus der Architektur eingeschrieben, was ohne Zweifel damit zu erklären ist, dass sie so reichhaltig ausgefallen sind. Vitruv verknüpft systematische und anekdotische, strukturelle und individuelle Motive zu einer vielstimmigen, keineswegs widerspruchsfreien Gründungsgeschichte des Bauens.

Für ihn steht die Fähigkeit des Menschen, sich Hütten zu errichten, erst am Ende einer längeren Entwicklung der Urgesellschaften (II,1). Anfänglich habe der kontrollierte Umgang mit dem Feuer die Bildung von menschlichen Gruppen befördert, die sich an den Feuerstellen versammelten. Dann formte sich innerhalb dieser Gemeinschaften aus den gestikulierenden Gebärden allmählich die Sprache. Wenn Vitruv die Entstehung der Architektur zeitlich erst danach ansetzt, so macht er damit klar, dass für ihn das Bauen nur als organisierte, Verständigung voraussetzende Gemeinschaftsleistung möglich ist. Aber im Grunde dient ihm dieses Konstrukt der Evolution nur als chronologischer Rahmen, in dem er eine geradezu poetische Schilderung der Anfangsgründe des Bauens gibt: So errichteten die einen, inspiriert durch die Betrachtung der «Herrlichkeit des Weltalls und der Gestirne» und befähigt durch ihre handwerklichen Fertigkeiten, Laubhütten, während andere Höhlen gruben und wieder andere die «Nester der Schwalben nachahmten und aus Lehm und Reisig Behausungen herstellten, um dort unterzuschlüpfen». Und Vitruv fährt fort:

> «Dann beobachteten sie die Behausungen der anderen, fügten durch eigenes Nachdenken Neuerungen hinzu und schufen so von Tag zu Tag bessere Arten von Hütten. Da aber die Menschen von Natur zur Nachahmung geneigt und gelehrig waren, zeigten sie, stolz auf ihre Erfindungen, täglich der eine dem anderen, wie sie ihre Bauten durchführten. So übten sie im Wetteifer ihre Erfindungskraft und wurden von Tag zu Tag zu Menschen mit besserem Urteil.»

Der in seiner minutiösen Vergegenwärtigung fast naiv anmutende Ton sollte nicht über die Hauptaussagen hinwegsehen lassen, denn Vitruv spickt seine Schilderung mit einigen Grundbegriffen der antiken Ästhetik und Philosophie, wie sie zu seiner Zeit vor allem von Horaz und Cicero formuliert wurden. Demnach beruht Architektur auf der Beobachtung (*observatio*) der Natur und der Kulturerzeugnisse, wobei Vitruv auch schon kulturelle Differenzen verzeichnet, indem er von Anfang an unterschiedliche regionale Bauweisen annimmt. Sodann ist die Voraussetzung aller Erfindung (*inventio*) auch beim Bauen die Begabung (*ingenium*). Darüber hinaus werden durch eigenes Nachdenken (*cogitatio*) und gute Urteilsfähigkeit (*iudicium*) Verbesserungen ermöglicht. Alles in allem bleiben jedoch menschlicher Schöpfergeist und Fortschritt stets der Naturnachahmung untergeordnet. Vitruv vertritt eine rationale Natursicht, die sich nachweislich dem großen Lehrgedicht *De rerum natura* des Lukrez verdankt. Demgemäß ist die Natur bei Vitruv gerade nicht eine ausschließlich bedrohliche Außenwelt, gegen die es der Schutzhütten der Kultur bedarf, sondern ganz im Gegenteil deren Inspirationsquelle. Wie alle anderen Künste ist auch die Architektur ein Produkt der Naturnachahmung (*imitatio*), sie ist eine mimetische Kunst.

Dieser Gedanke liegt dem, wenn man so will, Entwurfskonzept der sogenannten Urhütte zu Grunde. Deren Bauprinzip ist denkbar einfach: Es werden vier Gabelhölzer im Geviert aufgestellt, durch Queräste miteinander verbunden und mit Dachhölzern überspannt; die Wand- und Dachflächen werden mit Reisiggeflecht geschlossen. Die Idee der Urhütte wurde in neuzeitlichen Traktaten geradezu euphorisch aufgenommen und bildlich variantenreich vergegenwärtigt (Abb. 2). In ihr steckt eine immens wirkmächtige doppelte Behauptung: einmal, dass Architektur seit ihren Anfängen ein tektonisches, auf Tragen und Lasten beruhendes System ist, bei dem die Umhüllung sekundär ist; und sodann, dass diese Tektonik des primitiven Holzbaus das Modell für die weitaus komplexeren Bauweisen des Steinbaus darstellt.

Ganz offenkundig will Vitruv mit seiner Gründungserzäh-

2 – Darstellung der Urhütte. François Blondel, *Cours d'architecture etc.*, 1683.

lung darauf hinaus, die Architektur über die Sphäre des Handwerklichen hinaus- und sie zur Kunst (*technē*) emporzuheben. Er betont dies zusätzlich, indem er dem Glauben eine Absage erteilt, Architektur sei aus der Not des Menschen geboren. Hier schließt sich Vitruv einer Grundidee der zu seiner Zeit einflussreichen epikureischen Philosophie an, wonach die Künste nicht aus der schieren Notwendigkeit (*necessitas*) hervorgebracht wurden, sondern aus dem Nachdenken des freien Geistes. Erst

3 – Die Erfindung des korinthischen Kapitells (nach Vitruv IV,20). Roland Fréart de Cambray, *Parallèle de l'architecture antique et de la moderne etc.*, 1650.

in diesem grundsätzlichen Kontext gewinnt die Anekdote von der Erfindung des korinthischen Kapitells (IV,20), die ebenso wie die Vitruv'sche Urhütte notorische Berühmtheit erlangte, ihren Stellenwert (Abb. 3). Gemäß dieser Anekdote handelt es sich beim korinthischen Kapitell um eine Erfindung des Bildhauers Kallimachos, der am Grab eines Mädchens den mit Spielzeug gefüllten, mit einer Steinplatte abgedeckten und von einer Akanthuspflanze umrankten geflochtenen Korb abgezeichnet habe. Dieses von Kultur und Natur hervorgebrachte Gebilde habe er dann in einer Steinskulptur nachgebildet, die später als Säulenkapitell Verwendung fand. Vitruv gibt damit nur vordergründig eine anrührende Geschichte zum Besten, denn seine Erzählung ist zugleich ein Exempel individueller künstlerischer Aneignung des Vorgefundenen.

Die Lesbarkeit der Architektur

Bereits in diesen Ursprungslegenden ist offen ausgesprochen, dass Vitruv unter Architektur weitaus mehr als nur eine dingliche Realität versteht. Gebäude sind für ihn weder ausschließlich materielle Objekte noch allein Mittel zur Erfüllung pragmatischer Nutzfunktionen, sondern auch Speicher von Bedeutungen. So erweist sich bereits bei Vitruv Architektur als ein, wie man heute sagen würde, Medium kultureller Repräsentationen. Dies geht weit über die Zurschaustellung von bloßem Aufwand durch Größe, Material und Gestaltung hinaus, wie sie einem bei der alltagssprachlichen Verwendung des Begriffs der Repräsentation gerade auch in Bezug auf einzelne Bauwerke in den Sinn kommt. Denn Architektur repräsentiert darüber hinaus abstrakt-symbolische Inhalte, sie bringt unsichtbare Normen zur visuellen Entfaltung und macht Abwesendes anwesend. Vitruv hat diese Perspektive mit eindrucksvoller Konsequenz auf recht unterschiedlichen Ebenen ausgearbeitet. Wenn man sie dennoch allzu oft übersehen hat, so liegt das daran, dass man den Traktat vorschnell auf die im Laufe der Zeit zu Faustformeln zementierten Begriffe reduziert hat – allen voran auf die sogenannte vitruvianische Trias von Festigkeit, Zweckmäßigkeit und Schönheit.

Zuvorderst sind Bauwerke im Verständnis Vitruvs Medien der Geschichte. Diese teilt sich ganz unmittelbar durch das Alter von Gebäuden mit, die bis heute fast immer älter sind als ihre Benutzer. Vergangenheit ist aber auch Teil einer ästhetischen Mitteilung. Bei Vitruv findet die Historizität von Architektur Ausdruck in den bereits angesprochenen Ursprungslegenden des Bauens. Darüber hinaus ist sie den Bauten dadurch eingeschrieben, dass der Steinbau als Abbild des einfachen Holzbaus stets die Erinnerung an eine primitivere Vorzeit und den Triumph der Zivilisierung mit sich trägt. Geschichtlichkeit in diesem Sinne von Fortschritt und kultureller Varianz manifestiert sich zweifelsohne am prägnantesten im System der Säulenordnungen. Vitruv beschreibt ausführlich die drei klassischen Säulenordnungen dorisch, ionisch, korinthisch und unterscheidet die Tempelformen im Wesentlichen anhand dieser Ordnungen, die er demgemäß auch als «Bauarten» (*genera*) bezeichnet (Buch III–IV). Für alle Ordnungen ist das Ensemble von Baugliedern (Postament; Basis, Säulenschaft und Kapitell; Gebälk) standardisiert, doch sind die Proportionen und die Einzelelemente, insbesondere die skulpturale Ausschmückung des Kapitells, in einer für jede Ordnung spezifischen Weise unterschieden (vgl. Abb. 6). Diese Differenzierung der Säulenordnungen war für Vitruv architekturgeschichtlich vorgegeben, er hat sie aber zum Gegenstand einer ebenso ausführlichen wie spekulativen und vor allem für alle späteren Zeiten einflussreichen semantischen Exegese gemacht. Die regionale Herkunft bleibt an der Benennung ablesbar (*Dorica* – Dorer, *Ionica* – Ionien, *Corinthia* – Korinth). Vitruv erkennt eine strikte chronologische Linie von der urtümlichen *Dorica* über die mittlere *Ionica* bis zur jüngsten, formal verfeinerten *Corinthia*. Aus den beiden Aspekten von regionaler Zuordnung und Alter leitet sich die Charakterisierung als «starke» und «schwache» Ordnungen ab. Sie verweist zugleich auf Gesellschaftshierarchien sowie speziell auf die Geschlechterdifferenz von «weiblich-schwach» und «männlich-stark». Entsprechend seien die ältesten dorischen Tempel für Götter errichtet worden, die jüngeren ionischen und korinthischen Tempel hingegen für weibliche Gottheiten. In der Summe dieser Überlegungen sind die Säulenordnungen Träger nicht nur von geschichtlichen, sondern auch von religiösen und sozialen Bedeutungen.

Bei der Betrachtung der sozialen Sphäre rückt Vitruv den Begriff der Angemessenheit ins Zentrum. *Decus* (I,13) umschreibt den Zusammenhang zwischen Bauherrn, Bauaufgabe und Baugestaltung, die in ein normativ aufgefasstes Verhältnis gebracht werden müssen. Insbesondere in den nur lose mit den einzelnen

Büchern verknüpften Vorworten wird die «Würde» (*dignitas*) der Architektur, des Architekten und des Bauherrn begründet. Bauen wird als unverzichtbarer Bestandteil des Regierungshandelns und der Repräsentation des Fürsten begriffen, womit Architektur einen kaum mehr überbietbaren gesellschaftspolitischen Rang gewinnt.

Die hohe Stellung der Architektur bestätigt sich schließlich auf ästhetischer Ebene. Vitruv erläutert die Anwendung der bis heute maßgeblichen bildgebenden Verfahren von Grundriss, Aufriss und Gebäudeansicht (*ichnographia, orthographia, scaenographia*; I,12). Er will damit auf der einen Seite dem Architekten Instrumente an die Hand geben, mit denen er Bauprojekte nicht nur entwerfen, sondern sie auch dem Bauherrn und den Handwerkern kommunizieren kann. Auf der anderen Seite wertet er, jenseits der tatsächlichen baulichen Realisierung, den Entwurf und die daraus hervorgehende Baudarstellung als Visualisierungen von Architektur auf. Dass es sich beim Entwurf um eine Erfindungsidee (*idea* und *inventio*) handelt, versteht sich nach dem Gesagten fast schon von selbst. Die zentralen von Vitruv geprägten Begriffe der Architekturästhetik beruhen auf der Unterscheidung von Baupraxis (*fabrica*) und Theorie (*ratiocinatio*), wobei letztere den Status der Architektur als Wissenschaft (*scientia*) begründet (I,3). Die Terminologie zum Planungs- und Entwurfsprozess ist in einer Gruppe von Begriffen ausgebreitet (I,12–15), die mehrheitlich unterschiedliche Aspekte der Proportionierung und damit der Schönheit eines Gebäudes beschreiben (*ordinatio, dispositio, eurythmia, symmetria, decor, distributio*). Den Schlussstein seines Begriffsgebäudes setzt Vitruv mit der berühmten Trias der Leitkategorien von Festigkeit (*firmitas*), Zweckmäßigkeit (*utilitas*) und Schönheit (*venustas*). Er postuliert sie als gleichberechtigte und unverzichtbare Prinzipien des Bauens, von denen keines vernachlässigt werden und kein einzelnes den Vorrang gegenüber den anderen gewinnen darf (III,15).

Bereits mit *De architectura* wurde ein architekturtheoretisches Fundament errichtet, das sich auch aus späterer Sicht als erstaunlich stabil erweist. Selbstverständlich haben sich mit den

Bauaufgaben und den Gesellschaftsordnungen die Bedingungen des Bauens und damit auch die speziellen Inhalte der Theorie grundlegend gewandelt. An die Stelle von Tempeln sind Bürohochhäuser als Leitsektor der Architektur getreten. Entworfen wird nicht mehr mit Ritzzeichnungen auf Steinplatten, sondern mit computergesteuerten Bildverfahren. Und *firmitas* wird unter den Vorzeichen des Einsatzes von synthetischen Materialien auf Haltbarkeitszyklen begrenzt. Aber dessen ungeachtet bleiben Grundlinien des theoretischen Nachdenkens von Vitruv gültig. Dies gilt zunächst für die Theoriefähigkeit von Architektur als solcher. Es betrifft sodann die hier skizzierten geschichtlichen, sozialen und ästhetischen Bedeutungen von Architektur. Und nicht zuletzt erweisen sich die drei Grundbegriffe Vitruvs als durchaus konstant. Denn wenn in einem modernen Verständnis für die Definition von Architektur die Kategorien von Material, Raum und Repräsentation aufgeboten werden, so zeichnet sich dahinter immer noch die keineswegs völlig ferngerückte Erinnerung an Vitruvs Trias von *firmitas*, *utilitas* und *venustas* ab.

III. Architekturtheorie zwischen Renaissance und Barock

Die Architektur der Gesellschaft bei Leon Battista Alberti

Man musste Vitruv in der Neuzeit nicht wiederentdecken, weil er nie in Vergessenheit geraten war. Sein Traktat ist in einer umfangreichen und bis ins Frühmittelalter zurückzuverfolgenden Reihe von Handschriften überliefert, und es konnte im Grunde gar nicht ausbleiben, dass sich die humanistischen Gelehrten und Architekten der Renaissance dann wieder den *De architectura decem libri* annahmen. Editionen und Kommentare antiker Schriften avancierten zu den beliebtesten Textsorten, wobei die Auseinandersetzung mit Vitruv von Anfang an von Bewunderung wie von Kritik geprägt war. So gehört es sicher zu den grandiosen Leistungen der Vitruvrezeption und der neuzeitlichen Architekturtheorie insgesamt, dass die Vitruvdeutung in der Frührenaissance im Sinne der Kreativitätslehre der humanistischen Rhetorik im Spannungsfeld der Nachahmung eines anerkannten Vorbilds, des Wettstreits mit ihm und von dessen Überbietung (*imitatio, aemulatio* und *superatio*) erfolgte. Dabei wird erkennbar, dass die zentrale Herausforderung der humanistischen Gelehrten-, Auftraggeber- und Fachkreise, in denen mit dem Studium der antiken Bauwerke auch die Auseinandersetzung mit Vitrus *De architectura* geführt wurde, darin bestand, wie die ehrwürdige Hinterlassenschaft der antiken Bauwerke und Schriftzeugnisse für die Erfordernisse der spätmittelalterlichen und frühneuzeitlichen Gesellschaft zu aktualisieren war.

Überdeutlich wird dies bereits mit Leon Battista Albertis Traktat *De re aedificatoria libri decem* (*Zehn Bücher über das Bauwesen*, vollendet 1452). Alberti entspricht in geradezu mustergültiger Weise dem Ideal des humanistischen *uomo universale*. Er stammte als uneheliches Kind aus einer Florentiner Familie, die ins Exil getrieben worden war. Seine in doppelter Hinsicht problematische Herkunft bestätigte ihn zeitlebens in seinem wachsamen und durchaus misogynen Blick auf die Gesellschaft seiner Zeit. Nach dem Studium der Rechte in Padua und Bologna gelang es ihm schließlich 1432, den Posten eines Kanzleisekretärs an der päpstlichen Kurie in Rom zu erhalten, den er fast bis zu seinem Lebensende bekleidete. Den Routinen seines Brotberufs konnte er durch die beratende und entwerferische Tätigkeit als Architekt in Rom selbst, in seiner Heimatstadt Florenz und an verschiedenen mittelitalienischen Höfen entkommen. Darüber hinaus entfaltete Alberti eine Respekt gebietende Produktivität als humanistischer Gelehrter und hat mit Dutzenden von Prosaerzählungen, Gedichten, Dialogen, Briefen und Fachtraktaten einen ganzen Kontinent von Schriften hinterlassen. Ausgehend vom Gravitationszentrum des monumentalen Architekturtraktats strahlen Albertis architekturtheoretische Ideen in zahllose Regionen dieser Textlandschaft aus. Im Malereitraktat geht es um die auch für den Architekten relevante Perspektivlehre; in *De statua* um die auch für Gebäude angemessene Statuenzier; die Beschreibung des idealen Familienverbandes in *Della famiglia* erörtert auch dessen räumliche Organisation im Palast; im Dialog *Somnus* wird über die Schönheit der Stadt und deren Gegenwelt in den Kloaken debattiert; in der Satire *Momus* werden Vagabundentum und Stetigkeit sowie die Fragen von Täuschung und Wahrheit, die für Alberti auch in der Architektur höchste Relevanz hatten, zur Diskussion gestellt. Architektur wird, das deuten solche intertextuellen Brückenschläge an, in diesem reichen literarischen Œuvre in einer bis dahin unerhörten Weise und mit einem dann erst wieder in der Moderne erhobenen Absolutheitsanspruch in Beschlag genommen. Wenn Alberti über die Architektur der Gesellschaft spricht, so sind damit nicht nur die Bauten, die eine Gesellschaft nötig hat, gemeint, sondern stets auch das aus Institutionen zusammengefügte Gebäude dieser Gesellschaft selbst.

Wenn es sich bei Albertis *De re aedificatoria* um einen der originellsten und fundiertesten Entwürfe der gesamten Architekturliteratur handelt, so begründet sich dies unter anderem daraus, dass der Autor unter «Bauen» weit mehr als die Errichtung von Bauwerken versteht. Er fasste den Begriff der *aedificatio* als Metapher auf, die einen schöpferischen Gesamtprozess umschreibt und den Begriff der Architektur darunter subsumiert. Dementsprechend kommt in den über vierhundert Seiten der ersten lateinischen Druckausgabe von 1485 das Wort *architectura*, so hat man nachgezählt, nur ganze dreimal vor. Mit dem Titel des Werks distanziert sich der humanistische Autor resolut von Vitruv, er könnte sich unmittelbar der analogen Formulierung von Ciceros staatstheoretischem Werk *De re publica* (*Über den Staat*) verdanken. Schon in den ersten Zeilen des Buches revidiert Alberti die vitruvianische Geschichtskonstruktion, indem er die Baukunst – «die Herrin sämtlicher Künste» – aus Notwendigkeit und Nutzen (*necessitas, utilitas*) begründet und in einer kühnen gedanklichen Wendung das Bauen ganz an den Anfang der Evolution stellt: «Wenn ich aber die Nützlichkeit und Notwendigkeit von Decke und Wand betrachte, so werde ich natürlich davon überzeugt sein, dass diese in viel höherem Grade dazu beigetragen haben, die Menschen zu vereinigen und zusammenzuhalten.» (Vorrede) Architektur ist nicht, wie Vitruv meinte, das Resultat uranfänglicher sozialer Zusammenkunft, sondern im Gegenteil das geschichtliche und anthropologische Fundament des öffentlichen und privaten Wohls der Gesellschaft! Von dieser primären Rolle der Architektur sind die Grundkategorien des Bauens abgeleitet: Die *ars aedificatoria* hilft, erfreut und ehrt das Gemeinwesen (*res publica*), sie ist in ihrer Nützlichkeit, Würde und Annehmlichkeit (*utilitas, dignitas, amoenitas*) ein Abbild der Gesellschaft (I,2).

Alberti hat diese Begriffstriade der Rhetoriklehre Ciceros (*De oratore, Orator*) entnommen. Cicero hatte mit der Behauptung, dass jeder bedeutende Staatsmann immer auch ein herausragender Redner gewesen sei, für die funktionale Zuordnung der Rhetorik zur Politik plädiert, wobei sich der eminent enge Zusammenhang zweifelsohne am nachdrücklichsten in der sogenannten Lehre von der Angemessenheit, dem Dekorum, zeigt. Begriff und Sache sind zwar bereits und eher beiläufig für die Architektur bei Vitruv (I,2) erörtert, sie werden aber bei Alberti weiter ausgearbeitet. Wiederum ist auch diese Idee maßgeblich von Cicero inspiriert. In dem Traktat *Vom pflichtgemäßen Handeln (De officiis)* begründet der römische Politiker den Begriff der Angemessenheit (*decus*) als einen Grundgedanken der Gesellschaftsethik. Angemessenheit teilt sich nach außen als sozialer Habitus mit. Konkret ist damit gemeint, dass sich die einzelnen Gesellschaftsmitglieder ihrer sozialen Position entsprechend darstellen. Status, Alter, Geschlecht und spezieller sozialer Ort des Auftretens sind mit Kleidung, Redeweise, Gestik, Mimik und dem gesamten Verhalten in ein Verhältnis der Angemessenheit zu bringen.

Diese Habituslehre wurde von Alberti auf die Architektur übertragen und damit wurden zugleich entscheidende Perspektiven auf den Zusammenhang zwischen Architektur und Gesellschaftsethik eröffnet. Beim Bauen basiert die Dekorumslehre im Grundsatz darauf, die als angemessen erachtete Relation zwischen dem Bauwerk und dessen Bauherrn oder Bewohner normativ zu bestimmen und zugleich formale Regeln festzulegen, die dieses Verhältnis im gesamten Erscheinungsbild des Baus für den Betrachter verständlich machen sollen. Relevante Faktoren der Mitteilung sind die Stellung des Gebäudes in der Hierarchie der Bauaufgaben (öffentlich/privat; profan/sakral) und das entsprechende Raumprogramm, die Dimension und Proportion in Bezug auf den Standort des Gebäudes, die Vielfalt und Qualität des Baumaterials und die Ausprägung des Formapparats, insbesondere die Wahl der Säulenordnungen. Alberti verstreut im gesamten Traktat eine Fülle von Einzelanweisungen bezüglich des Dekorums gemäß der Maxime, dass bei einem Gebäude «nur das gut geheißen werden kann, was der Stellung eines jeden (Bewohners) angemessen ist.» (IX,1): So habe der Tyrann sein Kastell am Stadtrand gegen seine auswärtigen Feinde und gegen die eigene Bevölkerung zu errichten, während der «weise und väterliche König» in einem offenen Palast innerhalb der Stadt wohnen könne (V,1); die Ausschmückung der Privatbauten sei «auf das strengste» zu beschränken (IX,1). Alberti beobachtet den gesellschaftlichen Kosmos mit unnachahmlicher, skeptischer Neugier und stellt jedes Gesellschaftsmitglied unter die strikte Observanz architektonischer Dekorumsnormen. Er hat dabei die Unterschiede innerhalb der Ständeordnung ebenso im Blick wie diejenigen zwischen den Geschlechtern und den Lebenden und den Toten.

In dem Maß, in dem Alberti den Architekten als Baumeister der Gesellschaft autorisiert, fühlt sich der Autor auch in die Pflicht genommen, über die Bedingungen baumeisterlicher Kreativität Auskunft zu geben. Alberti durchmisst dabei den gesamten Radius der ästhetischen Konditionen von Herstellung, formaler Darstellung und Betrachtung. Aus der genauen Abwägung der einzelnen Entwurfsschritte geht laut Alberti die Schönheit eines Gebäudes hervor:

«Die Schönheit («pulchritudo») ist eine Art der Übereinstimmung und ein Zusammenklang der Teile zu einem Ganzen, das nach einer bestimmten Zahl («numerus»), einer besonderen Beziehung («finitio») und Anordnung («collocatio») ausgeführt wurde, wie es das Ebenmaß («concinnitas»), das heißt das vollkommenste und oberste Naturgesetz, fordert.» (IX,5)

Und an anderer Stelle: «Ein Werk ist durch nichts vor der Gewalttätigkeit des Menschen auf gleiche Weise so sicher und unverletzbar, als durch die Würde und Anmut seiner Form. (...) Die Schönheit ist eine bestimmte gesetzmäßige Übereinstimmung aller Teile, die darin besteht, dass man weder etwas hinzufügen noch hinwegnehmen oder verändern könnte, ohne sie weniger gefällig zu machen.» (VI,2)

Schönheit, so die Emphase von Albertis humanistischer Utopie, begründet die Immunität und die Integrität eines Bauwerks, aber auch das Postulat von dessen Unveränderbarkeit. Dahinter steht für den Autor, der sich selbst sowohl als Humanist als auch als Architekt verstand, eine Auffassung vom Bauwerk als einem klassischen Text. Der *architectus* entspricht dem Verfasser eines Textes (*auctor*), der Handwerker (*opifex*) hingegen dem Schreiber (*scriptor*). Dieser Parallele folgend war auch die Einholung des Rats von erfahrenen Werkleuten («opificis peritia», IX,8) für Alberti durch die Praxis der Textkonstitution im Rahmen von gemeinschaftlichen Editionen legitimiert. Wir wissen von Albertis eigenen Bauprojekten, dass er kaum je auf den Baustellen erschienen ist, die Bauaufsicht an leitende Werkmeister delegierte und diesen nur noch brieflich Anweisungen erteilte. Mit dem Rückzug des Architekten von der Baustelle geht für Alberti die Würdigung des Entwurfs als eigentlicher, autonomer Erfindungsleistung Hand in Hand. Der Bauentwurf ist «im Geiste konzipiert, mittels Linien und Winkeln (auf das Papier) aufgetragen, ausgeführt von einem an Herz und Geist gebildeten Menschen.» (I,1). Der Architekt wird wie der Autor eines literarischen Werkes in den Rang umfassender Autorschaft (*auctoritas*) erhoben. Seine auf der schöpferischen Phantasie (*ingenium*) basierende Idee (*idea*) manifestiert sich, dem literarischen Text entsprechend, durch den zeichnerischen Entwurf: «Ich meine daher, es muss bei den Bestimmungen der Schöpfer bleiben, welche diese in ihrem reifen Urteile ersonnen haben.» (IX,11)

Der aus dem Geist des Humanismus entwickelte Architekturbegriff war für die neuzeitliche Architektur bis in die Moderne hinein eminent folgenreich. Die Autonomie des Entwurfs war nun für alle Zeiten theoretisch begründet worden und das Bauwerk wurde zur genuinen Schöpfungsleistung eines auktorialen Entwerfers gemacht. Andere, ebenfalls kreative Prozesse, wie etwa kollektiv ausgedachte Planungen, die Eigengesetzlichkeiten der Bauausführung oder die Freiheiten bei der Gebäudenutzung, die für die Entstehung und Geschichte eines Bauwerks ebenso von Bedeutung sind, wurden ihr nachgeordnet oder in ihrem schöpferischen Eigensinn verkannt.

Der Körper der Architektur: Über Proportionen, Säulen und Fassaden

Wahrscheinlich ist kein anderes Bild so plakativ zu einem modernen Symbol der Epoche von Humanismus und Renaissance geworden wie der sogenannte «Vitruvianische Mann» (Abb. 4). Seinen Namen erhielt die Proportionsfigur nach einer Textpassage, die sich in *De architectura* (III,1) findet. Dort beschreibt Vitruv ein geometrisches Schema, in dem eine menschliche Figur mit diagonal gespreizten, respektive rechtwinklig ausgestreckten Gliedmaßen in einen Kreis bzw. ein Quadrat einbeschrieben ist. Vitruv versteht das Schema als mathematische Begründung dafür, dass, wie beim Menschen, auch beim Bauen die einzelnen Glieder auf die Gesamtgestalt abgestimmt sein müssten. Erst in der Renaissance fand diese Bildvorstellung tatsächlich auch Umsetzungen und mit ihnen eine markante Verallgemeinerung. Nun stand in der Architekturtheorie der «Vitruvianische Mann» für die Forderung nach der anthropomorph begründeten Proportionierung von Bauwerken. Und es war, noch einmal viel später, der Architekturgeschichte der Moderne vorbehalten, die Symbolzuschreibungen energisch auf die Spitze zu treiben. Der «Vitruvianische Mann» galt nun als Sinnbild für den Glauben an die Entsprechung zwischen den universellen Harmonien des Makrokosmos und des Mikrokosmos sowie für die neuzeitliche Selbstermächtigung des Menschen schlechthin. Für dieses Epochenklischee wurde vor allem die berühmte Zeichnung von Leonardo da Vinci in Dienst genommen.

Gegenüber diesen späteren Spekulationen erweisen sich die entsprechenden Überlegungen der Renaissancetheoretiker selbst

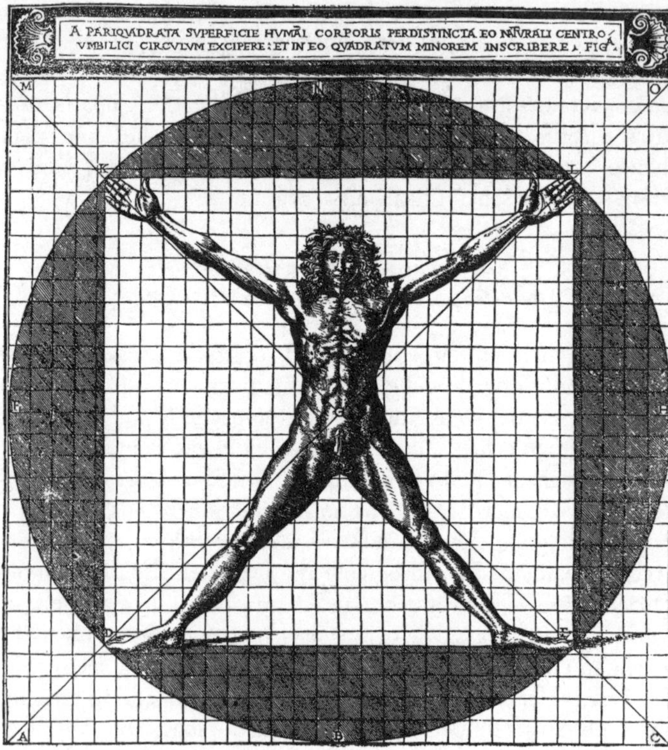

4 – «Vitruvianischer Mann» (nach Vitruv III,1). Cesare Cesariano, *De Vitruvio Pollione de Architectura libri decem etc.*, 1521.

als zurückhaltender. Sie bedienen sich einer metaphorischen Redeform, verlieren aber die handfesten funktionalen Belange darüber nicht aus den Augen. Erläutert wird, mit anderen Worten, der Zusammenhang zwischen Bauwerk und Mensch nicht nur mit der zentralen Metapher des «Körpers», sondern auch unter den Bedingungen des Betrachtens und des Benutzens. Für Alberti besteht jeder Körper «aus bestimmten, ihm zugehörigen Gliedern», die im Idealfall zu einer «Wohlgestalt der Form» zusammengefügt sind, welche wiederum in ihrer «Erhabenheit und

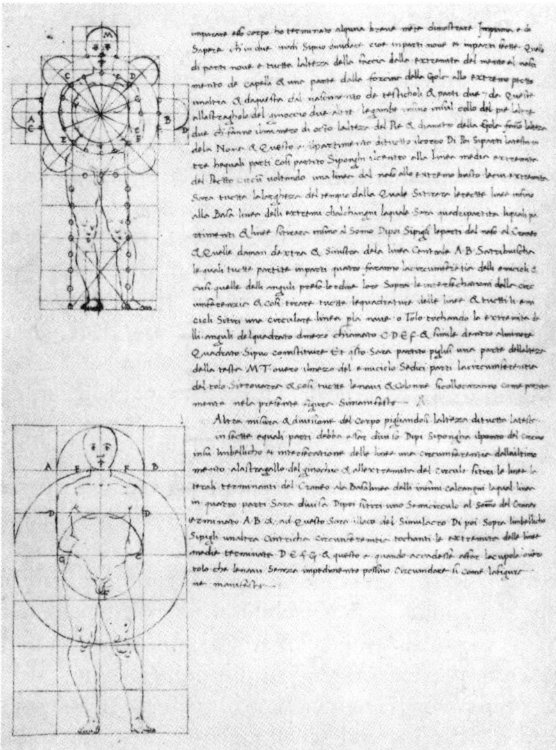

5 – Grundrissstudien von Kirchenbauten. Francesco di Giorgio Martini, *Cod. Magliab. II.I.141*. Florenz, Biblioteca Nazionale.

Vollendung unser Innerstes erregt und sich sofort bemerkbar macht.» (IX,5). Es ist dem Architekten aufgegeben, das «Ebenmaß» (*concinnitas*) durch Maßeinheiten, proportionale Beziehung und Anordnung der Einzelelemente herzustellen. Dabei ist Alberti aber skeptisch in Bezug auf eine verbindliche Norm, denn wie beim menschlichen Körper ist es für ihn selbstverständlich, dass der eine zarte und schlanke Formen, der andere aber einen runden und kraftvollen Körperbau vorziehe.

In der Nachfolge von Alberti hat Francesco di Giorgio Martini diese Gedanken systematisch für verschiedene Gebäudetypen fruchtbar gemacht. Er nahm konsequent die Herausforderung an, die antike Gebäudelehre zu modernisieren und den Modellgehalt seiner Entwürfe erstmals auch durch umfangreiche Illustrationen vor Augen zu führen. Ein Blatt aus dem um 1492 vollendeten Architekturtraktat zeigt die Grundrisse einer Basilika und eines Zentralbaus, in die jeweils die Figur eines nackten Mannes eingezeichnet ist (Abb. 5). Neben den Maßverhältnissen sind es die besonderen Gestaltungsformen baulicher Elemente, aus denen die Theoretiker der Renaissance die Mensch-Gebäude-Analogie entwickelten. Das Dach eines Gebäudes wurde mit der Schädeldecke verglichen, die Fassade galt als Gesicht (*facies, faccia*) des Hauses. Besonders detailreich fiel die Exegese bei den Säulenordnungen aus, deren einzelne Bestandteile, teilweise in Bezug auf einschlägige Benennungen in der Fachterminologie, in Entsprechung zur menschlichen Physis verstanden wurden: Säulenbasis/Fuß; Säulenschaft/Leib; Kapitell/Kopf.

Man muss sich daran erinnern, dass das anthropomorphe Architekturverständnis in der Architekturtheorie der Renaissance keineswegs nur in sozusagen kreatürlichen Analogien und in einer gleichsam elementaren Anthropologie zum Ausdruck kommt, sondern dass auch vielfältige soziale Metaphern gefunden wurden, um die rhetorischen Eigenschaften von Architektur und deren mediale Vermittlungsleistung zu bezeichnen. So vergleicht Antonio Filarete in seinem um 1464 vollendeten, in Dialogform abgefassten Architekturtraktat die ornamentierte Fassade eines Gebäudes mit dem Ornat eines Priesters und klassifiziert die am Außenbau verwendeten Steinsorten entsprechend der Ständehierarchie. Bei der Bauornamentik handelt es sich für ihn um eine Entsprechung zu den Kleiderordnungen, die seinerzeit die Gewänder im Hinblick auf Stoffqualitäten, Schnitte und sogar Webarten reglementierten. Hatte 1546 der Dichter Pietro Aretino in einem Brief von den «Gewändern antiker Bauwerke» («gli abiti delle architetture antiche») gesprochen, so variierte sein Zeitgenosse Sebastiano Serlio diese Metapher und beschreibt die Säulenordnung als Maske («maschera») eines Gebäudes. Neben der Kleidermode stellte auch die Anatomie eine systematische Bezugsebene des Vergleichs dar, indem analog zu Skelett und Haut zwischen Gebäudeinnerem und Fassade unterschieden wurde.

All diese Metaphern bringen die grundsätzlich ostentative Qualität einer Architektur zur Sprache, die an die gesellschaftliche Öffentlichkeit adressiert ist. In ihnen steckt jedoch auch das Eingeständnis, dass es sich bei der Architektur um eine die Wirklichkeit potentiell verschleiernde Darstellungstechnik handelt, bei der die verborgene Baukonstruktion und der Innenraum einerseits und das Äußere der Fassade andererseits nicht identisch sind. Damit gerät auch die Architektur in den Bannkreis eines fundamentalen Erkenntnisproblems des Humanismus, das in der Dichtungslehre unter den Vorzeichen der «Dissimulation» stand, also der Technik des vorsätzlichen Verbergens und der kunstvollen Verstellung. In der zeitgenössischen Philosophie des Renaissancehumanismus wurde es als die Opposition von Rhetorik und Ethik beschrieben. Der Versuch von Alberti und anderen Architekturtheoretikern der Renaissance, diese Polaritäten zu versöhnen, hat das Problem selbst umso deutlicher hervortreten lassen.

Bücher über das Bauen im Zeitalter des Buchdrucks

In den ersten Jahrzehnten des 16. Jahrhunderts änderten sich der Ton und die Inhalte der Architekturtheorie. Die Autoren stiegen herunter von den Höhenlagen der zeitgenössischen Philosophie und begaben sich in die Niederungen des Buchmarktes. Wollte man Bücher verkaufen, so hatte man den Leser ins Visier zu nehmen, und das Publikum erwartete praktisch handhabbare Fachliteratur.

Diese Publikationsstrategie führte als erster Sebastiano Serlio zur Vollendung. Serlio kam als ausgebildeter Maler erst vergleichsweise spät zur Architektur und konnte in diesem Metier zeitlebens keine wirklichen Erfolge verbuchen. Seine Tätigkeit als Architekturschriftsteller diente dem Lebensunterhalt, sie führte ihn mit humanistischen Gelehrten und mit Gönnern zusammen, die er sich wiederum durch die Widmungen seiner Werke gewogen machen konnte. Wenn er also seinen umfassend projektierten Architekturtraktat nicht geschlossen in Druck gab, sondern die einzelnen Bücher sukzessive veröffentlichte, so reagierte er damit einerseits auf die Zwangslagen, denen er sich persönlich ausgesetzt sah, andererseits spekulierte er auch auf die günstige Marktlage für den Absatz von thematisch ausgerichteten Separatschriften. Das ab 1537 publizierte Reihenwerk umfasst eine Lehre von den Säulenordnungen, ein Geometrie- und Perspektivlehrbuch, eine Antikenpublikation, Traktate zum Kirchen-, Wohnhaus- und Festungsbau und ein Vorlagebuch zu Portalrahmungen.

Für einen breiten Kreis von Adressaten werden die Informationen nun entscheidend über die Illustrationen vermittelt. Die Bilder gewinnen gegenüber dem Text die Oberhand, welchem meist nur noch eine hinführende und kommentierende Funktion zukommt. Der Beginn des Vierten Buches, und damit des Gesamtwerks, vermag schlagartig die geistreiche Effizienz des Autors zu verdeutlichen. Der Säulentraktat wird mit einer Synopse der fünf Säulenordnungen eröffnet (Abb. 6). Der berühmte Holzschnitt stellt erstmals die Ordnungen toskanisch, dorisch, ionisch, korinthisch und komposit als einen Kanon dar, wobei die unterschiedlich proportionierte Höhe von Postament, Säule und Gebälk auf der Vervielfachung des immer gleichen Säulendurchmessers beruht. Serlio unterstreicht den Aufmacher-Effekt der Illustration in einer souveränen Texterläuterung. Er habe mit diesem Anfang seines Buches die Komödianten der Antike nachahmen wollen, die – wie eben er mit seinem Schaubild – das erste Wort stets einem Erzähler gegeben hätten, der den Inhalt des Stücks im Prolog für das Publikum zusammenfasste. Zudem stellt Serlio klar, dass er sich zwar auf Vitruv beziehe, aber die «modernen Anwendungsweisen» der Säulenordnungen («li usitati moderni») im Sinn habe. Er stellt die Formerfindung dem Ermessen des Architekten anheim und plädiert für die schöpferische Freiheit («licentia») des Baumeisters. Hinzu kommt sein Respekt für die Bedingungen regionaler Bautraditionen. So spricht Serlio anerkennend von den «venezianischen

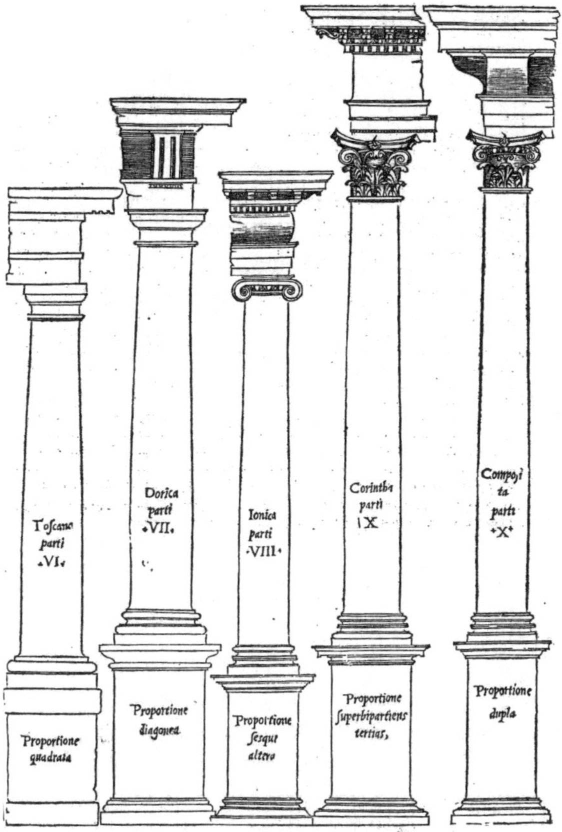

6 – Synopse der fünf Säulenordnungen.
Sebastiano Serlio, *Regole generali di architettura sopra le cinque maniere degli edifici etc.*, 1537.

Gepflogenheiten des Palastbaus» («case al costume di Venetia») und bietet im Sechsten Buch für Wohnbauten in Italien und Frankreich eigene Alternativentwürfe, die sich, bei recht ähnlichen Grundrissen, in den Fassaden markant unterscheiden. Serlio akzeptiert, dass es, wie er über die Wohnhausentwürfe sagt, «in Europa mehr frei erfundene Gebäude gibt, als solche, die der Lehre des Vitruv entsprechen.» Im *Libro estraordinario* von 1551, in dem er Schaustücke von dekorativ überbordenden Rustikaportalen vorstellt, bekennt er freimütig, er habe einige von den Entwürfen in einem «Anfall von architektonischem Wahnsinn» («furore architettonico») gemacht, andere aber in einem «bescheidenen und geordneten Stil» angefertigt.

Bekenntnisse künstlerischen Freimuts gehörten zum kunsttheoretischen Standardvokabular des Manierismus, wie er sich in der Bildenden Kunst und in der Architektur der ersten Hälfte des 16. Jahrhunderts europaweit durchsetzte. Damit erlangte auch die Architekturtheorie eine durchaus modische Attraktivität und eine praxisbezogene Ausrichtung. Doch das sollte nicht verkennen lassen, dass sich formale *bizzaria* und gestalterische Ordnung im Manierismus gegenseitig bedingen. Artistische Devianz und Regelkonformität sind, wie sich auch bei Serlio zeigt, die zwei Seiten einer Medaille.

Das deutlichste Symptom für die generell nicht nur praxisbezogene, sondern auch normative Ausrichtung der Architekturtheorie sind die immense Verbreitung und die Publikationsform der Säulenlehre von Jacopo Barozzi da Vignola. Die *Regola delli cinque ordini d'architettura*, vermutlich 1562 erschienen, gehört mit etwa 250 Ausgaben bis ins 19. Jahrhundert zu den mit Abstand erfolgreichsten Publikationen der Architekturtheorie. Sie erschien zunächst als schmales, 34 Tafeln umfassendes Mappenwerk mit pragmatisch knapp gehaltenen Texterläuterungen, die in die Kupferstichtafeln integriert sind. Vignola entwickelt für die Säulenordnungen ein gegenüber den älteren Theorien wesentlich einfacheres, modular vereinheitlichtes Baukastensystem, sie werden als Einbauelemente für konkret vorgegebene Geschosshöhen verfügbar gemacht. Er hat sicherlich auch die berühmten Großbaustellen seiner Zeit im Kopf, wie z. B. Neu-Sankt Peter in Rom (ab 1505), den Louvre-Palast in Paris (ab 1546) oder den Escorial bei Madrid (ab 1563). Diese Monumentalisierung des Maßstabs hat ihre Voraussetzungen mittelbar in einer modernisierten Staatlichkeit, die sich in Territorialisierung, Zentralisierung und Bürokratisierung sowie der damit verbundenen lohnenderen Ressourcenabschöpfung niederschlug. Damit ging die effiziente Organisation der unter der Observanz der Fürstenhöfe stehenden Baustellen einher. Schließlich formierte sich an den Höfen generell ein zeremoniell reglementierter Verhaltenskodex. Vignolas Buch, das als reines Fachmanual konzipiert worden war, «geriet damit zum Ferment eines umfassenden Zivilisationsprozesses, der, von Italien ausgehend, die ganze westliche Welt ergreifen sollte.» (Christof Thoenes)

Für die Publikationen von Serlio und Vignola lassen sich deutliche Parallelen zu entsprechenden Entwicklungen im allgemeinen Buchmarkt feststellen. Wie in anderen Sparten, etwa Medizin, Theologie und Rechtswesen, richtet sich diese architekturtheoretische Fachprosa an eine erweiterte Öffentlichkeit, doch fällt auf, in welchem Umfang sich die Entfaltung der Architekturliteratur den Nationalsprachen verdankt und zudem dem Bild eine zunehmende Bedeutung beigemessen wurde. Über die Schautafel werden nicht nur visuell einprägsame und einfacher zu memorierende Wissensbestände vermittelt, sondern auch synthetische Informationswelten. Serlios Säulensynopse ist dafür ein unübertroffenes Programmbild (Abb. 6). Ähnlich wie etwa in den gleichzeitig aufblühenden Sparten der Pflanzenbücher, der Anatomiefolianten und der geographischen Atlanten wird mit dem speziellen, in der Wirklichkeit vorzufindenden Exemplar auch die dahinter stehende Regel vermittelt, die dessen Ausformung erst gesetzmäßig ermöglicht.

‹Architectura Universalis›

Beim Blick auf das 17. und frühe 18. Jahrhundert konstatiert man zunächst einmal mit Verwunderung, dass die grandiosen Stilentwicklungen, die das damalige Baugeschehen bestimmten, für lange Jahrzehnte keinen umfassenderen und systematischen architekturtheoretischen Niederschlag fanden. Es gibt, mit einem Wort, keine Architekturtheorie, welche die Innovationen der Barockarchitektur seit dem Beginn des 17. Jahrhunderts zeitgenössisch widerspiegelt. Überragend bleibt hingegen das theoretische Vermächtnis des vorangegangenen Jahrhunderts, das alles in allem bewundernd bewahrt wird. Doch wird dieses

Konventionswissen nun in einem neuen Geist empirischer Überprüfung einerseits und mathematisch-rationaler Begründungen andererseits präsent gehalten. Beides mündet schon am Ende des 17. Jahrhunderts in die große Offensive aufklärerischer Traditionskritik ein.

Eindringlich dokumentiert sich die Orientierung an der älteren Architekturtheorie in den Theoriedebatten, die für lange Jahre an der 1671 in Paris gegründeten Architekturakademie geführt wurden. Schon die Einrichtung der Akademie verweist auf frühere Gründungen des 16. Jahrhunderts zurück, nun wurde allerdings von der Institution erwartet, sich den Interessen des barocken Machtstaates unterzuordnen. Mit der Gründung der Kunstakademien in Florenz (1562) und Rom (1593) verstärkte sich die Tendenz, auch die Architekturtheorie als freie Entwurfsdisziplin in die allgemeine Kunsttheorie zu integrieren. Bei der Pariser *Académie royale d'architecture* spielten diese institutionellen Bestrebungen zwar eine Rolle, sie war aber nicht nur eine Behörde, die sich ganz der Patronanz Ludwigs XIV. verdankte und faktisch Teil der königlichen Bauadministration war, sondern die sich auch ganz in den Dienst der Monarchie stellte. Unter anderem war es ihre Aufgabe, eine verbindliche *doctrine* für die Staatsbaukunst zu erarbeiteten.

Bei allem Traditionsrespekt setzt sich in der Barockepoche ein Zug der Reglementierung durch, der sich am deutlichsten darin zeigt, dass alle Bautypologien rigoros mathematischer Disziplin unterworfen und in hierarchische Schemata eingespannt wurden. Diesem Glauben verschrieb sich der oberitalienische Palladio-Schüler Vincenzo Scamozzi in seiner *Idea della architettura universale* (1615) mit geradezu hartnäckiger Gelehrsamkeit. Scamozzi ist ein Treuhänder der Renaissance, der sich gegen die Neuerungen des Frühbarock wendet. Vielleicht sind in seinem riesenhaften und am Ende unfertig gebliebenen Werk die neuen Einsichten gar nicht so zahlreich, aber der Autor ist sich ihrer umso sicherer. Mit entsprechendem Nachdruck begründet er die Architektur aus mathematischer Rationalität. Die im Titel annoncierte *idea* der Baukunst besteht im Streben des Architekten, angeleitet durch Studium, Fleiß und Wachsamkeit, die

«Wahrheit wiederzufinden» («ritrovarne la certezza», I,1). In der Summe münden Scamozzis Überlegungen in eine umfassende Ordnungskonzeption, bei der die architektonischen Säulenordnungen und Proportionen auf die Stabilität der göttlichen und politischen «Ordnung» schlechthin verweisen. *Ordine* und *ragione* sind die beiden Schlüsselwörter der Theorie Scamozzis. Der Autor wendet sich gegen jedwede «Extravaganz» («capriccio»), die der «Vernunft» («ragione») entbehre. Die Baukunst gilt ihm als die «überaus vortreffliche Wissenschaft» («scientia prestantissima»), welche die im Verborgenen funktionierende «Maschine der Welt («machina del mondo») ordnet (VI,1). Einer auf mathematischen Prinzipien gegründeten Architektur traut Scamozzi zu, die Welt der Erscheinungen zu ordnen und dem rätselhaften Gebilde des Kosmos irdische Gestalt zu verleihen.

Während sich die Epoche des Barock allmählich ihrem Ende zuneigt, steckt Johann Bernhard Fischer von Erlach in seinem Tafelwerk, dem *Entwurff einer historischen Architectur* (1721) erstmals das Panorama einer vergleichenden Weltgeschichte der jüdisch-christlichen und der heidnisch-antiken Architekturtraditionen ab. Aufgenommen sind die Sieben Weltwunder, Bauten der Juden, Assyrer, Ägypter, Griechen und Römer (Bücher I–II); das dritte Buch widmet sich der islamischen und ostasiatischen Architektur; in den beiden letzten Büchern (IV–V) stellt Fischer Entwürfe seiner eigenen Bauten sowie antike Vasen vor. Fischer akzeptiert mit dem «Geschmack der Landes-Arten» den Pluralismus historischer Stile. Man könne «einem jeden Volke sein Gutdunken so wenig abstreiten als den Geschmack.» (Vorrede)

Fischers *Entwurff* fasst sowohl inhaltlich als auch in Bezug auf die Buchgattung einige Besonderheiten der Architekturpublizistik in der Epoche des Hoch- und Spätbarock zusammen. Die Idee einer *architectura universalis* wird hier nicht nur prinzipiell, nämlich aus den mathematisch-rationalen Begründungen gedacht, sondern auch empirisch. Während des sich mit ungebrochener Dynamik entfaltenden Kolonialzeitalters treten erstmals die Baukulturen unterschiedlicher Weltgegenden in das Gesichtsfeld. Es kündigt sich zukunftweisend für die Aufklärungsepoche an, dass sich Architekturgeschichte als zentrale Begründungsinstanz architekturtheoretischer Reflexion etabliert. Seinem Buchtypus gemäß vertritt das Werk die abundant illustrierte, großformatige Prachtpublikation, die als Medium eigenen Rangs selbstbewusst dem gebauten fürstlichen Prachtgebäude an die Seite tritt. In vorher nicht dagewesener Vielzahl dienen nun Stichserien von Schlössern, Landhäusern und Stadtpalästen als Multiplikatoren herrschaftlicher Magnifizenz.

Doch gerade in Anbetracht solcher Verpflichtungen, wie sie von Seiten der Architekten und der Verfasser von Architekturbüchern gegenüber ihren hochgestellten Auftraggebern bestanden, sollte die Bedeutung der Bücher als Mittel der Selbstbehauptung der Architekten gegenüber den Bauherren nicht verkannt werden. Auch hierfür kann Fischers *Entwurff* als Beispiel gelten. Denn nachdrücklicher als je zuvor war der Architekt in seinem Status gegenüber den erstarkten Obrigkeiten unter Druck geraten und drohte zum bloßen Exekutanten des Bauherrn degradiert zu werden. Diese Rolle wird von Christian Wolff, auch er wie manche der zeitgenössischen Autoren als Mathematiker ein Nicht-Architekt, uneingeschränkt bestätigt, wenn er gleich zu Beginn seiner *Anfangs-Gründe der Baukunst* (1710) lapidar definiert: «Die Baukunst ist eine Wissenschaft, ein Gebäude recht anzugeben, daß es nemlich mit den Hauptabsichten des Bauherrn in allem völlig übereinkommet. (...) Die Vollkommenheit eines Gebäudes bestehet in einer völligen Übereinstimmung desselben mit den Hauptabsichten des Bauherrn.» Im populären *Zedlerschen Universallexikon* ist unter dem Stichwort *Architectura civilis* (Bd. II, 1732) diese Definition wörtlich übernommen und gleichsam in kleiner Münze in Umlauf gebracht.

So blieb unter den Konditionen des dynamischen Wachstums der Staatsgewalt in der Ära von Renaissance und Barock die Statuswette zwischen Architekt und Bauherr fürs Erste offen – der Bauherr war zwar auf die praktische und theoretische Kompetenz des Architekten angewiesen, beanspruchte aber bei der Vollendung eines Bauwerks für sich selbst die letzte Autorität. Doch allmählich machten die Architekten wieder Boden wett.

Denn in der Aufklärung gewann der Architekt neue Bündnispartner und schloss einen Pakt mit dem aufgeklärt-mündigen Publikum. Gleichzeitig wurde mit der Betonung des Rangs der Architektur als «Kunst» auch die demiurgische Fähigkeit des Architekten propagiert.

IV. Architektur in der Aufklärung

Traditionskritik durch Empirie

Bis zum Ende des 17. Jahrhunderts hatten sich im Fluss der Theorieentwicklung langsam und stetig dicke Sedimentschichten von Konventionswissen abgelagert. So lässt sich, vielleicht etwas despektierlich, die Architekturdoktrin des «Vitruvianismus» beschreiben. Gemeint ist mit dieser Bezeichnung das von Vitruv stammende, mit der Renaissance befestigte und im Barock fortgeführte Regelsystem, das als Kernbestände die sogenannte vitruvianische Trias, die Säulenordnungen mit den Proportionsanweisungen und die Dekorumslehre umfasst. Im Zuge der Aufklärung geriet diese in unzähligen architekturtheoretischen Veröffentlichungen verbreitete Doktrin erheblich ins Wanken. Umstritten waren nicht nur die ästhetischen Begründungen für das Bauen aus der Theorie und der Baukunst des Altertums, sondern auch die Legitimation des theoretisch erarbeiteten und praktisch angewandten Regelsystems aus den Gegebenheiten der Ständegesellschaft. Wie sollte, so lautete die zentrale Frage, eine Architektur der Gegenwart aussehen, welche den neuen Autonomieansprüchen des aufgeklärt gebildeten Individuums gerecht wird? Die Antworten, die auf diese Frage gefunden wurden, berechtigen zu der Behauptung, dass in der Architekturtheorie die Moderne im 18. Jahrhundert begann.

Für die Architekturtheorie der Frühaufklärung, die im späten 17. Jahrhundert einsetzte, hat der Arzt, Mathematiker und Architekt Claude Perrault als der radikalste und einflussreichste

Reformdenker zu gelten. Perrault entfaltete eine breite Wirksamkeit in verschiedenen wissenschaftlichen Disziplinen und kann durch seine Bauaufträge, zu denen die Beteiligung an der Vollendung des Louvre-Palastes zählte, als eine Art inoffizieller Staatsbaumeister unter König Ludwig XIV. gelten. All diese institutionellen Zugehörigkeiten und Kontakte prägten die Entstehung, inhaltliche Ausrichtung, Adressierung und nicht zuletzt den Erfolg seines bedeutendsten Architekturwerks, der mit ausführlichen Kommentaren versehenen, französischen Neuübersetzung von Vitruvs Architekturtraktat. Perraults *Vitruve* (1673, erweitert 1684) zieht eine Summe der Ehrfurcht gebietenden Tradition des Vitruv-Kommentars und ist zugleich ein Meilenstein auf dem Weg der Modernisierung der Architekturtheorie.

Das Werk entstand im Kontext der seit etwa 1670 offen ausgetragenen *Querelle des Anciens et des Modernes*. Dieser Antike-Moderne-Streit drehte sich um die normative Verbindlichkeit der antiken Kultur für die damalige Gegenwart und wurde entscheidend von Perraults Bruder, dem Schriftsteller Charles Perrault, mitgetragen. Dieser leistete mit der *Parallèle des Anciens et des Modernes* (1688–1697) einen epochalen Beitrag zur Kulturkomparatistik, legte aber auch mit seinen bis heute beliebten Märchen ein klares Bekenntnis zu einer unklassischen, nationalsprachlichen und darum auch volkstümlichen Literaturgattung ab. Claude Perrault hat diese Kontroverse auf dem Feld der Architektur ausgefochten, durch seine Auseinandersetzung mit Vitruv führt er die Architekturtheorie über jenen und damit über die Architekturdiskussion der Renaissance und des Barock hinaus.

Ganz in diesem Sinne wird das vierte Buch des *Vitruve*, in dem es um das sakrosankte Thema der Säulenordnungen geht, mit einem regelrechten bildlichen Eklat eröffnet. Die Illustration (Abb. 7) hat einmal mehr die Ursprungslegende des korinthischen Kapitells zum Thema (vgl. Abb. 3). Im Bild wird aber auf die bis dahin übliche Darstellung des Zeichners auf dem Friedhof verzichtet, und die Anekdote ist auf die materiellen Grundmotive reduziert. Die vermeintliche Urform des Kapitells erscheint in der Szenerie der Nekropole als eine künstliche Collage

7 – Korinthisches Kapitell. Claude Perrault,
Les dix livres d'architecture de Vitruve etc., 1673.

aus Pflanze, dem handwerklichen Gegenstand des Korbes und dem Bauelement der Steinplatte. Geht Perrault mit dieser Darstellung bereits auf Distanz zur pastoralen Schilderung in Vitruvs Ausgangstext, so nutzt er das in der oberen Bildhälfte scheinbar aufmontierte Zeichenblatt zu einer noch weiter gehenden Infragestellung. Gezeigt sind dort links das Kapitell «suivant le texte de Vitruve», bei dem die Höhe des Kapitells mit dem oberen Säulendurchmesser identisch ist, und daneben das deutlich schlankere Kapitell aus der Säulenvorhalle des Pantheon in Rom. Perrault konfrontiert also in dieser Gegenüberstellung die *doctrine* Vitruvs mit der *usage ordinaire* des korinthischen Kapitells in der antiken Baukunst selbst. Die Verbindlichkeit der vitruvianischen Norm wird, noch allgemeiner gesagt, durch den davon abweichenden empirischen Befund falsifiziert. Unterstrichen wird diese Argumentation durch die raffinierte Bildform, die von *Trompe l'Œil*-Gemälden, in denen täuschend real Gegenstände im Bild vergegenwärtigt werden, inspiriert wurde. So lassen sich verschiedene Realitätsgrade unterscheiden: Während auf dem Hauptbild die äußere Erscheinung der Dinge als eine malerische Perspektive vorgetragen wird, macht das Einsatzbild in der Form einer technischen Zeichnung deren teils verborgene Struktur sichtbar.

Ausgehend von dieser Traditionskritik entwickelt Perrault das Plädoyer für eine Architekturgeschichte, die sich im Fluss der Innovationen stetig erneuern kann. Demnach sind die Gesetze von Baukonstruktion, Funktion und Ästhetik weder aus der Natur, noch unhinterfragt aus der antiken Baukunst, noch aus der Autorität der Texttradition seit Vitruv zu begründen. Laut Perrault sind sie vielmehr ausschließlich Ergebnisse gesellschaftlicher Übereinkünfte und Gewohnheiten. Perrault hebt den traditionellen Proportionsbegriff handstreichartig aus den Angeln, indem er ihn auf die im modernen Sinn definierte Axialsymmetrie einschränkt. Von dieser Neubestimmung aus gelangt er zu der berühmten Unterscheidung von «positiver» und «arbiträrer» Schönheit. Unter der «beauté positive» versteht er die angemessene Bestimmung eines Bauwerks, die durch statische Festigkeit und zweckmäßige Funktionsabläufe («solidité», «salubrité», «commodité») gewährleistet sein muss; ihr sind neben der Axialsymmetrie auch die wertvolle Qualität des Materials und dessen sachgerechte Verarbeitung zugeordnet. Während die «positiven Schönheiten» nach Perrault natürlich und notwendig Gefallen hervorrufen, beruht die «beauté arbitraire» auf Vernunft und Gewohnheit. Ihnen gehören wiederum die genannten funktionalen Kategorien der Festigkeit und Zweckmäßigkeit an, sie umfassen darüber hinaus das ästhetische Prinzip der Regelhaftigkeit («regularité»). Letztlich ist in Perraults Klassifizierung die Schönheit ein Resultat des Gebrauchswertes eines Gebäudes («usage»), und ästhetische Qualität geht aus dieser hervor.

Dies hat wiederum Folgen für die ästhetischen Wertsetzungen selbst, denn mit der Anpassung der Architektur an moderne Erfordernisse verliert auch die antike Baukunst ihre Verbindlichkeit für eine normative Ästhetik. Zugleich eröffnet das Verständnis für den historischen Wandel der Architekturentwicklung auch die Möglichkeit einer positiven Bewertung nachantiker Epochen, die sich bei Perrault in der expliziten Wertschätzung für die Kathedralarchitektur der Gotik zeigt. Doch obwohl Perrault von einem stetigen historischen Fortschritt der Kunstentwicklung und von der Notwendigkeit künstlerischer Innovation ausgeht, plädiert er noch nicht für eine schrankenlose künstlerische «fantaisie». Eine Instanz für die Regelbindung der Kreativität erkennt er etwa in der Sicherheit des Geschmacksurteils, des «bon goût», der einer Schulung durch Vorbilder bedarf und dessen Verbindlichkeit durch Konventionen geregelt wird. Wenn Perrault meint, dass die Geschmackspflege von den Ausbildungsinstitutionen des Staates übernommen werden sollte und am Ende sogar durch die politische Ordnung («ordre») des Staates selbst zur Mitteilung gelangen würden, dann spricht hieraus unverkennbar seine Loyalität zur absolutistischen Staatsauffassung. Ganz im Sinne der «Dialektik der Aufklärung» (Theodor W. Adorno und Max Horkheimer) wird von Perrault zwar der Gedanke einer Progression in eine offene Zukunft hinein entwickelt, diese ist aber zugleich für die Modernisierung des Machtstaates instrumentalisiert.

Auf der Suche nach der Historie

Robinson Crusoe mag zwar ein Hausbauer wider Willen gewesen sein, gleichwohl spiegelt sich in der Geschichte seiner Häuser beispielhaft das Architekturverständnis der Aufklärung. In der Erzählung von dem Schiffbrüchigen gelang Daniel Defoe in seinem Roman (1719) die Erfindung einer eindringlichen Baumetaphorik. Das Buch ist nur vordergründig eine Abenteuergeschichte, es lässt sich ebenso gut als Entwicklungsroman des Helden und als puritanisches Seelendrama lesen. Im Einzelschicksal des Protagonisten wird zugleich der Prozess der Aufklärung der Menschheit nachvollzogen, und hier kommt auch die Architektur sinnbildhaft zum Tragen, indem im Verlauf des Romans die vier Behausungen Robinsons ausführlicher beschrieben werden. Zunächst hatte der Schiffbrüchige Unterschlupf in einer Höhle gefunden, dann richtet er sich, zwei Wochen nach seiner Ankunft, mit dem aus dem Schiffswrack geborgenen Segeltuch ein Zelt auf. Nun beginnt er mit dem Bau einer festen Unterkunft, der ein volles Jahr in Anspruch nimmt. Die neue Unterkunft wird im Buch als «home» und als «castle» bezeichnet. In späteren Jahren errichtet Robinson schließlich in einem anderen Teil der Insel ein «country house», um von hier aus seine Plantagen mit den Feldfrüchten zu bestellen.

Die Unterkünfte Robinsons sind Symbole einer schrittweisen Naturbeherrschung und Kultivierung der Insel, wie es dem zweckrationalen ökonomischen Denken der Zeit entsprach. Sie sind darüber hinaus Metaphern für die Charakterentwicklung ihres Bewohners, indem sie räumliche und zeitliche Ordnungen herstellen und Robinson damit zur Selbstreflexion anleiten. Und schließlich rekapituliert die sukzessive Entstehung der Behausungen einprägsam eine Entwicklungsgeschichte, die sich nun ausdrücklich als Fortschrittsgeschichte darstellt. Robinson hat auf seiner Insel die Zivilisation aus eigener Kraft noch einmal erschaffen und darin erweist er sich als der Paradefall eines Menschen, den sich die Aufklärung als *homo progressor et emancipator* erträumt. Damit kommt auch der Architektur eine neue Rolle zu: War sie vorher vor allem ein Repräsentant für den jeweiligen Stand des Bauherrn, so emanzipiert sie sich nun als Medium des individuellen Subjekts. Da man aber den einzelnen Menschen stets als Mitglied der gesamten menschlichen Gemeinschaft – des, wie es hieß, «ganzen Menschengeschlechts» – verstand, wurden auch die Fragen nach den historisch-anthropologischen Grundlagen vordringlich.

Wenn die Architekturtheorie in der Aufklärung eine Hinwendung zur Geschichte vollzog, so konnte man dabei an die bedeutenden philologischen, antiquarischen und universalgeschichtlichen Reflexionen der Renaissance und des Barock anschließen. Doch nun kommt den Forschungen, nicht zuletzt unter den Vorzeichen der relativistischen Architekturästhetik Perraults, ein weitaus höheres Maß an empirischer Verlässlichkeit zu. Das archäologische Material wurde im Zuge von regelrechten Untersuchungskampagnen erschlossen. Der Pariser Architekt Antoine Desgodets bleibt in seinem Tafelwerk *Les édifices antiques de Rome dessinés et mesurés très exactement* (1682) den Versprechungen des Titels nichts schuldig. Über den ruinösen Zustand der Denkmäler sieht er souverän hinweg und orientiert sich, ausgehend vom Vorhandenen, ganz am antiken Vollendungszustand der Bauten und stellt so die Vision einer vollständigen Restituierung der Monumente vor Augen.

Im Verlauf des 18. Jahrhunderts weitete sich der archäologische Radius sowohl topographisch als auch chronologisch aus. Es folgten nach der Entdeckung der verschütteten süditalienischen Vesuvstädte von Herculaneum und Pompeji (ab 1738) entsprechende groß angelegte Publikationen unter internationaler Beteiligung, später führten Erschließungskampagnen zu den von griechischen Kolonisten errichteten Tempeln in Paestum und Sizilien sowie ins seinerzeit unter osmanischer Herrschaft stehende griechische Mutterland. Die mehr oder minder prachtvoll ausgestatteten, international verbreiteten Antikenpublikationen hatten nachhaltigen Einfluss auf die europäische Entfaltung des Klassizismus und des *goût grec*. Genauso wurde die Ägyptenmode an der Wende zum 19. Jahrhundert aus den archäologischen Beschreibungen, die 1798–1801 von Wissenschaftlern im Tross des napoleonischen Invasionsheeres nach Kairo und zu den Nilpyramiden angefertigt wurden, gespeist.

Zu diesen archäologischen Unternehmen bilden die Beiträge des römischen Kupferstechers und Architekten Giovanni Battista Piranesi zum Teil eigentümlich erratische Gegenstücke. Piranesi hat mit seinen phantastisch übersteigerten Veduten das Bild vom theatralischen Verfall und von der scheinbaren Maßstabslosigkeit der römischen Kolossalbauten bis heute geprägt.

Doch sollten darüber seine nüchternen Bauaufnahmen in der Nachfolge von Desgodets, wie etwa die vierbändigen *Antichità di Roma* (1756), ebenso wenig vergessen werden wie seine architekturtheoretischen Stellungnahmen, insbesondere die Schrift *Della Magnificenza ed Architettura de'Romani* (1761). In ihr erweist sich der Autor als ein hartnäckiger Polemiker und unbedingter Parteigänger Roms. Der sogenannte «griechisch-römische Streit» war ein später Nebenschauplatz der *Querelle*. Nachdem durch die frühen Schriften von Johann Joachim Winckelmann und die archäologischen Publikationen zu den Bauten der Griechen die historische Abhängigkeit der römischen Kunst und Architektur von der griechischen Baukunst offenbar geworden war, suchte Piranesi den Primat Roms zu verteidigen. Er spielte sein Argument sozusagen über die Bande, nämlich über den Volksstamm der Etrusker in Mittelitalien. Demgemäß soll es deren archaische Baukultur gewesen sein, die nach Griechenland gelangt sei, wobei daraufhin die Römer sowohl von ihren eigenen italischen Vorfahren als auch von den Griechen gelernt hätten. So skurril sich die Geschichtskonstruktion Piranesis, mit der er keineswegs allein auf weiter Flur stand, auch ausnimmt, so eminent ist der grundsätzliche Gehalt. Es geht um nichts weniger als den historischen Ursprung der antiken Architektur, wobei die sich als Wissenschaft etablierende Archäologie und zivilisatorisch-ethnologische Ursprungstheorien Hand in Hand gingen.

Piranesis Schrift fügt sich in mehrfacher Hinsicht als ein exemplarischer Beitrag in die Architekturtheorie der Aufklärung ein. Das gilt allein schon für die polemisch-manipulative Zuspitzung des Arguments im Dienste der eigenen Überzeugung, wie es in der zeitgenössischen Streitkultur unter den Gelehrten üblich wurde. Ebenso typisch ist der selbstbewusste Auftritt, mit dem sich Piranesi in seiner Argumentationsweise nachdrücklich von der früheren Architekturliteratur emanzipiert und sich argumentativ Luft verschafft. Zwar übernimmt er die Grundbegriffe von Vitruv, aber er versteht dessen Begriffstrias von Festigkeit, Nützlichkeit und Schönheit nicht mehr wie der antike Autor produktionsästhetisch, nämlich als verbindliche

8 – Die Cloaca Maxima in Rom. Giovanni Battista Piranesi, *Della Magnificenza ed Architettura de'Romani*, 1761.

Regeln für den Bauentwurf, sondern er münzt sie rezeptionsästhetisch als Beschreibungskategorien für die Großartigkeit der antiken Bauten um. Dabei würdigt Piranesi statt der eleganten Sakralbauten der Griechen die gigantischen Ingenieurbauten der Römer als Exempel einer Architektur, die in ihrer kunstlosen Einfachheit die größte Wirkung beim Betrachter erzeugen. Um das zu illustrieren, zeigt er den Ausfluss der bereits in der mythischen Königszeit im 5. Jahrhundert v. Chr. angelegten *Cloaca Maxima* in Rom als archaisch zerklüftetes Mauerwerk der Kanalkonstruktion mit dem Ausgangsbogen; eine Texterläuterung sowie eine Konstruktionsdarstellung geben als fingierte Aufklebeblätter Detailinformationen (Abb. 8). Die Darstellung setzt die «Erhabenheit» und überwältigende Größe der Abwasseranlage in Szene. In provokanter Umwertung der Bauhierarchien stellt der Autor unter den Vorzeichen der *utilità* die Nutzbauten in ihrem Rang über die Kultbauten. Neben Polemik und Traditionskritik lässt sich ein drittes aufklärerisches Moment in Piranesis Auseinandersetzung mit der Frage der Ursprünge sehen. Hatten die Anfänge des Bauens bereits Vitruv beschäftigt, so wird die Angelegenheit nun als Problem des «Ursprungs» geschichtsphilosophisch umformuliert. Es geht nun nicht mehr allein um die Notwendigkeiten des Bauens, sondern um die Anfangsprinzipien der Architektur selbst sowie um ihren zivilisatorischen Rang.

«Praktische Baukunst» und «Charakter»

Die Architekturtheorie des 18. Jahrhunderts war nicht nur als Gelehrtenkontroverse ein Teil der aufklärerischen Emanzipationsansprüche. Sie war es auch im Hinblick auf die Selbstermächtigung der Architekten gegenüber den Bauherrn und damit einhergehend in Bezug auf die Wirkungsintentionen, die der Architektur selbst nun beigemessen wurden. Die Klärung der Kompetenzen setzte neue Begriffsbestimmungen des theoretischen Vokabulars voraus. Noch einmal sei für diesen Konflikt an den Artikel *Architectura civilis* in Zedlers *Universallexikon* erinnert, wo der Architekt noch völlig dem Bauherrn unterstellt ist. Doch das konnte gegen Ende des Jahrhunderts auch ganz ins Gegenteil gewendet werden. Zwischen diesen beiden Extremen – dem Beharren auf einer letztlich aus den Erfordernissen der traditionellen Ständeordnung begründeten Unterordnung der Architektur und der Forderung nach deren radikaler Autonomie als «Kunst» – vermittelte ein neues Verständnis von Nützlichkeit.

In einem ersten Schritt wurden zunächst die Nutzungsbegründungen für die Architektur auf den neuzeitlichen Funktionsbegriff erweitert. Unter Funktion verstand man nun die konkrete Nutzung von Räumen für bestimmte Tätigkeiten und Lebensvorgänge, von denen auch der architektonische Entwurf auszugehen habe. Begriff und Sache der «Funktion» sind erstmals eingeführt bei Carlo Lodoli: «Nichts darf zur Darstellung gebracht werden (...), was nicht auch tatsächlich in der Funktion vorhanden ist.» (Andrea Memmo, *Elementi dell'architettura Lodoliana etc.*, 1786). Das Funktionsparadigma fand nicht nur seine theoretische Begründung, sondern darüber hinaus auch seine praktische Durchsetzung durch die immer weiter fortschreitende Institutionalisierung der Architektenprofession in Akademien, privaten Bauschulen und speziellen Ingenieursbehörden (als Pionier die *École des Ponts et Chaussées*, gegr. 1747).

Diesem Nützlichkeitsprinzip steht – und zwar, so scheint es zumindest, diametral – die theoretische Begründung einer autonomen Architektur gegenüber. In Claude-Nicolas Boullées *Architecture. Essai sur l'art* wurde sie am radikalsten vertreten. Boullée arbeitete an der Schrift über einen längeren Zeitraum zwischen 1781 und 1793, also über die Französische Revolution von 1789 hinweg. Bereits die Wahl der Textgattung des Essays sowie dessen Illustrierung mit bildmäßig konzipierten Idealentwürfen (vgl. Umschlagbild) können als programmatisch für die Absicht einer prinzipiellen Neubegründung der Architektur gelten. Aus dem Befund, dass die Nachahmung der Antike ihre normative Geltung verloren und das Schöne, auch in Bezug auf die antiken Bauten, ohnedies als relativer Begriff zu gelten hat, zieht Boullée die Konsequenz, die Architektur den von jeher autonomen Künsten von Poesie und Malerei gleichzusetzen. «Anche io sono Pittore» («Auch ich bin Maler»), so resolut lautet das Motto, das er seinem Architekturessay voranstellt. Gebäude sind für Boullée zuvorderst Bilder («tableaux», «images»); insbesondere öffentliche Bauten sollen wie Gedichte («poèmes») durch die Reduktion auf stereometrische Körper moralische Empfindungen («sentiments») beim Betrachter erzeugen; genau dadurch sollen sie ihren Nutzen für die Gesellschaft entfalten. Wie man bei Boullée sieht, schließen sich Autonomie- und Nützlichkeitsgedanke damit keineswegs aus, diese Synthese gelingt aber nur, wenn Nützlichkeit primär als eine Kategorie der Rezeption verstanden wird: Der Nutzen der Architektur liegt nicht allein in den pragmatischen Funktionen, die sie zu erfüllen hat, sondern auch in der Wirkung auf die Imagination des Betrachters.

In vielem konnte Boullée unmittelbar an den Sensualismus anschließen. So hatte bereits Edmund Burke in seiner Grundlegung der sensualistischen Ästhetik die Architektur neben den anderen Künsten gleichrangig einbezogen. Für Burke wird beim antiken Tempel wie bei der gotischen Kathedrale das «Großartige der Erscheinung» durch das Prinzip der Reihung erzeugt. Sollen Gebäude der Idee des «Erhabenen» («sublime») folgen, so müssen sie zwar eine gewisse Größe haben, Monumentalität aber vor allem mit Kunstmitteln vortäuschen; es soll ihnen darüber hinaus eine «dunkle Atmosphäre» zu eigen sein. Der auf Vitruv basierenden Analogie zwischen menschlicher Proportion und Gebäudeproportion erteilt Burke eine radikale Absage, weil sie in der Wahrnehmung nicht nachvollziehbar sei (*Philosophical Enquiry Into the Origin of Our Ideas of the Sublime and Beautiful*, 1757, II, §9, 10, 15; III, §4).

Zusammen mit der sensualistischen Doktrin wurde in die Architekturtheorie um die Mitte des 18. Jahrhunderts zudem jene Lehre eingeführt, die sich mit dem schillernden Begriff des «Charakters» verbindet. Wenn die Charakterlehre heute nicht mehr auf Anhieb verständlich ist, so hat dies damit zu tun, dass in ihr formale und gesellschaftliche Aspekte der Architektur in grundsätzlich neuer, aber auch in durchaus spekulativer Weise zusammengeführt wurden. Hinzu kommt, was das heutige Verständnis zusätzlich erschwert, dass der Charakterbegriff aus dem aktuellen Wortschatz generell und aus dem speziellen Wissen über die Künste verschwunden ist.

Als Grundkategorie der älteren Ästhetik wurde der Begriff des «Charakters» polemisch gegen die Verstellungskunst und die schmeichlerischen Auftritte (*dissimulatio*), wie sie in der Hofgesellschaft seit der Renaissance zur Wahrung der eigenen Statusinteressen notwendig waren, in Stellung gebracht. Im Gegenzug steht er als Bezeichnung für das Authentische. «Charakter» bezeichnet die Idealvorstellung von einer sozialen Habitualisierung, die als solche für die Person selbstverständlich und zu einem Teil ihrer Identität geworden ist. Als Charakter findet, so könnte man sagen, das Individuum in der Gesellschaft zu sich. Genau in dieser allgemeinen Relevanz wurde der Terminus auch in die Architekturtheorie eingeführt, systematisch hat dies erstmals Germain Boffrand (*Livre d'architecture*, 1745) geleistet. Bei ihm zielt die Kategorie des «caractère» auf die Reform der traditionellen Lehre von der Angemessenheit. Nun soll ein Gebäude nicht mehr im allgemeinen Sinn den sozialen Rang des Bewohners, sondern seinen individuellen Charakter abbilden. Dementsprechend erschließt sich auch dem Betrachter das Bauwerk nicht mehr durch ein vorgegebenes rhetorisches Formvokabular wie Säulen, Pilaster, Ädikulen, Giebel etc., sondern durch die sensualistische Wirkung von Masseverteilung, Licht- und Schatteneffekten, Silhouette etc.

Die Wirkungsästhetik bildet auch das gedankliche Fundament in den anonym erschienenen *Untersuchungen über den Charakter der Gebäude* (1785). Der Kernbegriff wird ganz lapidar definiert: «Die Eigenschaft eines Gebäudes, wodurch es eine merkliche Wirkung auf unser Herz thut, nenne ich seinen Charakter.» (S. 11). Das Gebäude habe die «Geistesfähigkeiten oder die moralischen Eigenschaften» des Bewohners zu bestimmen und in seiner äußeren Erscheinung als eine «begreifliche Folge» diesen «wahren Werth des Menschen» darzustellen (S. 101). Entscheidende Kriterien der Architektur sind nun deren «Wahrheit» und «Moralität»; wie jeder Mensch hat auch jeder Bau einen «Charakter». Dabei ist in den Erläuterungen spezieller Gebäudeentwürfe das Moralisieren auf die Spitze getrieben, wenn der Autor aus Gebäudesilhouetten in Analogie zur Physiognomie menschlicher Profile die Eigenschaften der Bewohner herausliest (Abb. 9). Dementsprechend wohnten in Haus C «ruhige und zufriedene Menschen», im Profil D bemerkt er hingegen «etwas Dreistes und Hervorstrebendes, welches auf einen ähnlichen Charakter der Bewohner anzuspielen scheint» – und so fort.

Bei der Charakterlehre handelt es sich im Kern um eine Standeskritik. Mit ihr werden die gesellschaftlichen Begründungskontexte der Architektur von der normativen sozialen Ordnung der traditionalen Ständegesellschaft des *Ancien Régime* (*Dekorumslehre*) auf die neu entstandene politische Öffentlichkeit verlagert. In dem Maß, in dem es nun um eine nicht mehr standesgemäße, sondern um eine entschieden individuelle Angemessenheit von Bau und Bewohner ging, wurden auch das traditionelle Formrepertoire, besonders die Säulenordnungen (vgl. Abb. 6), sowie die Möglichkeit zur Typisierung der Architektur im Rahmen der Bauaufgaben in Zweifel gezogen. Schließlich treten der ästhetischen Begründung der Architektur aus der Analogie zur Natur, wie sie etwa im Mythos der Urhütte (vgl. Abb. 2) verbürgt war, Kategorien von historisch bedingter Vernunft und Moral zur Seite.

Das Konzept des «Charakters» besitzt für die Architekturtheorie der zweiten Hälfte des 18. Jahrhunderts nicht nur erhebliches gesellschaftskritisches Potential, sondern es vermittelt genau darin auch zwischen den beiden Polen von «Nützlichkeit» und autonomer Architekturästhetik. Es eröffnet auf der einen Seite durch die partielle Abkehr vom klassischen Formrepertoire konkrete Freiräume der Gestaltung, die dann sowohl im Rokoko als auch in einem «elementaren» Klassizismus genutzt wurden. Auf der anderen Seite bezeichnet es eine Form der «Nützlichkeit» von Architektur, die pragmatische Funktionserfüllung und «sittliche Wirkung» gleichermaßen umfasst. Bei Immanuel Kant rückt in diesem Zusammenhang der Begriff des «Praktischen» ins Zentrum. Seine Definition des «praktischen Gebrauchs der Vernunft» als dem «Vermögen, den Vorstellungen entsprechende Gegenstände (...) hervorzubringen», konnte auch auf die Baukunst übertragen werden (*Kritik der praktischen Vernunft*, 1788, Einleitung). Dabei gehörte es zum *Common Sense*, dass das so verstandene «Praktische» im Antikischen verbürgt ist. Demgemäß ist der Klassizismus nicht nur

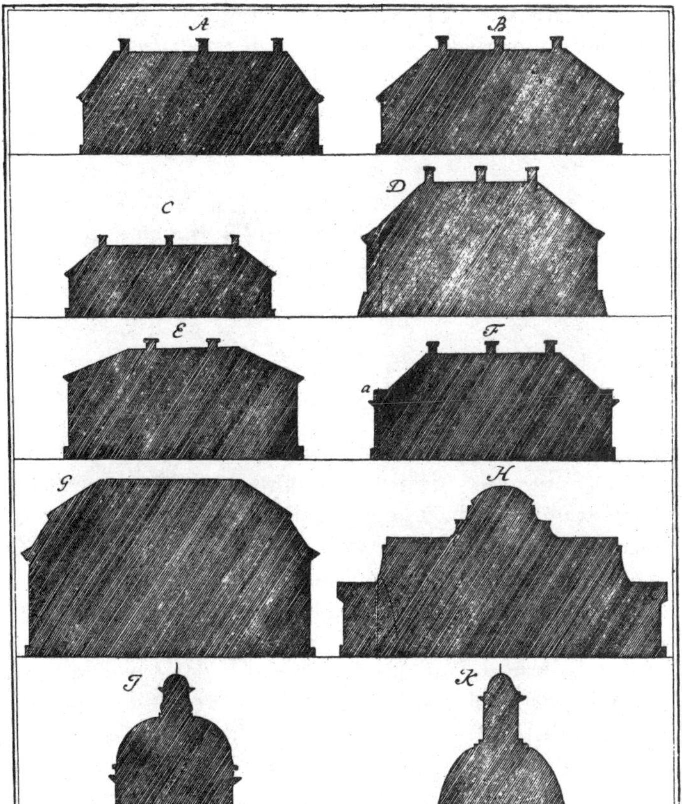

9 – Gebäudesilhouetten. (Anonym), *Untersuchungen über den Charakter der Gebäude*, 1785.

eine Praxis der Aktualisierung des antiken Formrepertoires und der architektonischen Prinzipien, sondern darüber hinaus ein Ideenensemble von aufklärerischen, in ihrem Gehalt letztlich geschichtsphilosophischen Argumenten. Dazu zählen der Gedanke des bildhaften «Erhabenen» und die Idee des «Ursprünglichen» ebenso wie die Ideale des «Vernünftigen» und des «Universell-Weltbürgerlichen». Alle diese Eigenschaften fand man mit der idealistischen Emphase der Klassik bereits in der antiken Architektur modellhaft vorgeprägt.

V. Historismus, Technik und Globalisierung im 19. Jahrhundert

Die Gegenwart der Geschichte und die Aktualität des Stils

Die aufklärerische *Querelle des Anciens et des Modernes* wurde im Historismus des 19. Jahrhunderts als Beschwörung des Fortschritts weitergedacht. In der Architekturtheorie, wie auch auf anderen Kulturfeldern, war der Weg geebnet worden durch die hartnäckige Frage nach den Ursprüngen, durch die politisch motivierte Kritik an historischen Traditionsbeständen und durch die enthusiastische Entdeckung des ästhetischen Relativismus, des *beau relatif*. Geschichte wurde dann als Bedingung einer Gegenwart obligatorisch, in der sich nach der politisch-gesellschaftlichen Revolution am Ende des *Ancien Régime* und der sich anbahnenden industriellen Revolution die Verhältnisse nicht nur im Bauwesen immens beschleunigten.

Die kühle Zugluft rationaler Ökonomie weht durch die Schriften von Jean-Nicolas-Louis Durand. Als Architekt war er noch an der Königlichen Architekturakademie in Paris ausgebildet worden, doch als Architekturlehrer wuchs er später ganz in die Rolle eines Vertreters der napoleonischen Ära mit ihren technokratischen und bürokratischen Reformbestrebungen hinein. Durand hatte ab 1795 für dreieinhalb Jahrzehnte den Lehrstuhl für Architektur an der *École polytechnique* inne, die gerade erst im Vorjahr als Ausbildungsanstalt für Ingenieure neu gegründet worden war. Seine Publikationen gehen auf seine dortigen Vorlesungen zurück: *Recueil et parallèle des édifices de tout anciens et modernes* (1799–1801) bietet eine Übersicht über die Architekturgeschichte in der Form eines Bildatlas, in dem die Monumente typologisch nach Bauaufgaben geordnet sind; bei *Précis des leçons d'architecture données à l'École Polytechnique* (1802–1805) handelt es sich hingegen um eine moderne, in mehreren Heften erschienene Bauentwurfslehre. Die Bedeutung und der immense Einfluss von Durands Schriften, besonders in der ersten Hälfte des 19. Jahrhunderts, resultieren weniger aus der in den knappen Vorworten schriftlich begründeten Programmatik, als aus der bildlich dargelegten Didaktik. Die Architekturauffassung wird in Merksätzen deklamiert, die bisheriges Wissen aufnehmen, es aber als effizientes Handlungswissen gleichsam optimieren wollen. Der «öffentliche Nutzen» («utilité publique») der Architektur umfasst nun im Horizont der sich etablierenden bürgerlichen Gesellschaft explizit das «Wohlergehen des Einzelnen, der Familien und der Gesellschaft». Neben der «Zweckmäßigkeit» («convenance») kommt der «Sparsamkeit» («économie») ein zentraler Stellenwert zu. Auf sie ist beim Materialgebrauch zu achten, und auch die etablierten Kategorien von Symmetrie, Regelmäßigkeit und Einfachheit («symmétrie, régularité, simplicité») haben finanziellen Rücksichtnahmen zu folgen. Schön sind die Prinzipien der klassizistischen Ästhetik, wenn sie sich rechnen. Durand denkt in den Maßstäben von öffentlichen Gebäuden, die von Architekten und Ingenieuren im Staatsdienst errichtet werden. Kriterien der Repräsentation wie «grandeur», «magnificence», «effet» oder «caractère» sind ihm daher geläufig, sie ordnen sich aber ganz der «disposition» unter. Die Raumeinteilungen sollen im Grundriss eines Gebäudes und in dessen Geschossabfolge beim Entwurf formal durch ein variables, serielles Rastersystem bewerkstelligt werden.

Ebenso zweckmäßig und ökonomisch wie Durands Programm ist seine Darstellungsmethode – es ist diejenige des Diagramms (Abb. 10). Die Informationsbilder in Durands Publikationen stehen unter dem Gesetz der *égalité*, sie dienen der graphischen Darstellung von abstrakt-formalen Inhalten, und in ihnen verweigert der Autor grundsätzlich jedwede bildhafte

Ansicht der traditionellen *scaenographia*. Schlagartig wird schon dadurch deutlich, dass sich Durand von der Ästhetik des seinerzeit immer noch gepflegten Vitruvianismus genauso distanziert wie vom immer noch aktuellen Sensualismus der sogenannten Revolutionsarchitektur. Stattdessen obwaltet im *Recueil* und im *Précis* die strikte Reduktion auf Grundrisse, Aufrisse und Schnitte, die auf diagrammatischen Schautafeln vergleichend präsentiert werden. Im *Recueil* werden architekturgeschichtliche Denkmäler völlig unterschiedlicher Epochen und Stile im gleichen Maßstab ohne jedwede Rangabstufung in der historischen Bewertung zusammengestellt und so in objektivierten Konstellationen zusammengebracht, die nicht mehr hinterfragt werden können. Einerseits besteht Durands bedeutender Beitrag zum Historismus genau in der wissenschaftlichen Indifferenz gegenüber den verschiedenen Stilen der Architekturgeschichte und in der Äquidistanz zu den Epochen. Andererseits sind seine Diagramme auch Zeugnisse einer – wenn man so will – historistischen Überforderung. Mit der tabellarischen Anordnung des Materials sucht der Autor die Überfülle der Denkmäler in all ihrer stilistischen Diversität, wie sie die Archäologie der Aufklärungsepoche erstmals zu Tage gefördert hatte, zu bändigen. Die Synopsen sind das Eingeständnis, dass die chronologische und geographische Vielfalt der Architekturgeschichte als Ganzes nur in der Form des Schemas überhaupt noch zu vermitteln ist.

Wenn Durand das Diagramm darüber hinaus als Darstellungsmittel des architektonischen Entwurfs nutzt, so plädiert er auch hier für eine synthetische Gestaltungsrationalität. Bei der Betrachtung einer der zahlreichen Schautafeln des *Précis* (Abb. 10) wird man mit der Einsicht konfrontiert, dass Entwerfen hier fast nur noch aus der Addition und Kombination von Raumeinheiten entsprechend den Erfordernissen des Raumprogramms auf einem industriell vorgedruckte Karopapier besteht. Durch das zugrunde gelegte Dezimalsystem (der Urmeter war 1791 festgelegt worden) wurden die regionalen anthropozentrischen Maßeinheiten (Fuß, Elle, Spanne etc.) außer Kraft gesetzt.

Wenn sich Durand bei seinen späteren Architektenkollegen

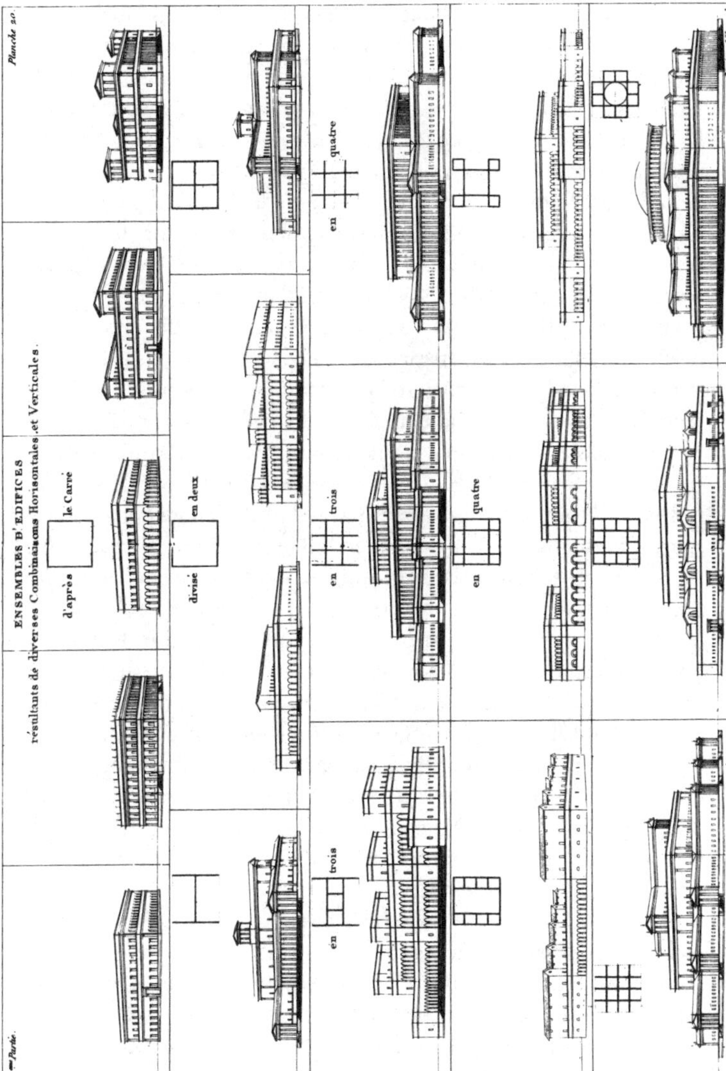

10 – Gebäudeentwürfe auf Raster. Jean-Nicolas-Louis Durand, *Précis des leçons d'architecture etc.*, 1802–1805.

den Spott eines «Schachbrettkanzlers für mangelnde Ideen», so Gottfried Semper 1834, einhandelte, so sollte dies weder über seinen Einfluss auf seine Zeitgenossen und die nachfolgende Architektengeneration (in Deutschland u.a. F. Weinbrenner, K.F. Schinkel, L. v. Klenze, F. v. Gärtner) hinwegsehen lassen, noch über seine Bedeutung für die Entwurfslehre in Bezug auf neue Bautypologien. Durand dachte als einer der ersten Architekten über die Bauproduktion unter den Bedingungen des sich rasant entwickelnden modernen Industrie- und Verwaltungsstaates nach und suchte Lösungen für die damit verbundenen Innovationsprobleme des Bauens, aber auch für die architektonischen Legitimationsansprüche der sich neu formierenden europäischen Gesellschaften. Dabei werfen sowohl seine Argumentation als auch seine Darstellungsweise die Grundsatzfrage auf, wie das Architekturwissen in seiner Wissensordnung theoretisch überhaupt noch zu systematisieren gewesen wäre. Durands Antwort fällt ernüchternd aus. Auf der einen Seite basiert seine Entwurfsdidaktik auf einer Folge von Einzeloperationen im Entwurf, die ihre Begründungen in der Abwendung vom Vitruvianismus nicht mehr von den traditionellen Schönheitslehren von außen (Inspiration, Proportion, Dekorum etc.) beziehen, sondern die ausschließlich immanent aus der methodischen und rationalen Kontrolle der Entwurfsentscheidungen (Materialwahl, Bautypus mit Raumprogramm, Geometrie, Kombinatorik der Raumkörper und Bauelemente etc.) begründet sind. Mit dem Inhalt korrespondiert auf der anderen Seite die Form der Visualisierung durch Diagramme, in denen sowohl die historischen Bauten als auch die eigenen Entwurfsvorschläge als statistisch objektivierte Datensätze erscheinen.

In der Stildebatte schließlich hatte Durand keine Präferenzen, vielmehr hielt er letztlich aus einem ganz technischen Pragmatismus an den klassischen Bauelementen von Säulen, Giebeln, Ädikulen und anderen Rahmensystemen fest. Damit hat er den Weg für die technische Begründung der Stilwahl geebnet.

Ihn ist später auch der als Baurat in Karlsruhe tätige Architekt Heinrich Hübsch gegangen. Dieser stellt im Titel seines schmalen, gerade einmal fünfzig Seiten umfassenden Büchleins lapidar die Leitfrage der Architekturtheorie des 19. Jahrhunderts: *In welchem Style sollen wir bauen?* (1828). Hübsch zweifelt an der «antiken Architectur als Universal-Architectur»: «Die Malerei und die Bildhauerei haben in der neueren Zeit längst die todte Nachahmung der Antike verlassen. Die Architectur allein ist noch nicht mündig geworden, sie fährt fort, den antiken Styl nachzuahmen.» Im Sinne des materialistischen Ansatzes von Durand konstatiert Hübsch, dass dies nicht nur im Widerspruch stehe zu den Erfordernissen des Bauens in unterschiedlichen Klimazonen und der Verfügbarkeit verschiedener Materialien, sondern vor allem zu den neuen Raumerfordernissen in großen Gebäuden mit «sehr vielen Fenstern und mehreren Stockwerken.» Sie sollten «aus objectiven Grundsätzen» nach Maßgabe des «Kostenaufwandes» und der «Wahrheit der Construction» und keinesfalls als «bloße Schein- oder Parade-Architectur» in einem «Lügen-Styl» errichtet werden. Als Gegenentwurf entwickelt Hübsch die Idee eines Stils, der nicht mehr formalen Merkmalen, sondern einem technischen Prinzip folgt, das er mit dem spröden Begriff der «technostatischen Verhältnisse» benennt. Gemeint ist eine Bauweise, die formal und konstruktiv «am meisten Ähnlichkeit mit dem Rundbogen-Style erhalten muß», doch der «neue Styl ist ein streng objectives Skelett»:

> «Die Gebäude werden nicht mehr einen historisch-conventionellen Charakter erhalten, so dass dem Gefühle, ehe es sich kund geben darf, zuvor archäologischer Unterricht ertheilt werden muß; sondern sie werden einen wahren natürlichen Character erhalten, wobei der Laie dasselbe fühlt, wie der unterrichtete Künstler.»

In diesem Schlussplädoyer von Heinrich Hübschs kurzem Traktat teilt sich ein Zwiespalt mit, mit dem der Autor keineswegs alleine stand. Man kennt ihn aus der Theorie der Aufklärung und er besteht in verschiedensten Formulierungen bis in die Gegenwart fort, wobei die Unterscheidung zwischen einem bloß funktionalen «Bauen» und einer ästhetisch gedachten und erfahrbaren «Architektur» heute durchaus fadenscheinig geworden ist. Im Zeitalter des Ingenieurwesens, das seit Beginn des

19. Jahrhunderts theoretisch und institutionell durch eigene Ausbildungsanstalten abgesichert und mit riesigen Auftragsvolumen ökonomisch so erfolgreich war, dass alte Stadtteile flächendeckend der Immobilienspekulation geopfert werden konnten, spitzte sich dieser Zwiespalt notgedrungen dramatisch zu. Leo von Klenze hat ihn in verschiedenen Schriften als die Ambivalenz zwischen der auf das Nützliche ausgerichteten «Ethik» und dem auf die Ideen bezogenen «Pathos» bezeichnet, die beim konkreten Gebäude als Differenz von materiell-konstruktiver «Kernform» und ästhetisch-anschaulicher «Kunstform» artikuliert wird. Karl Friedrich Schinkel erlebt ihn, so teilt es sich in den verschiedenen Fassungen seines *Lehrbuchs* mit, sozusagen am eigenen Leib als andauernde Orientierungskrise:

> «Sehr bald, sehr bald gerieth ich in den Fehler der rein radicalen Abstraction, wo ich die ganze Conception für ein bestimmtes Werk der Baukunst aus seinem nächsten trivialen Zweck allein und aus der Construction entwickelte, in diesem Fall entstand etwas Trockenes, Starres, das der Freiheit mangelte und zwei wesentliche Elemente: das Historische und das Poetische ganz ausschloss.»

Es war der englische Kunstschriftsteller John Ruskin, der sich aus diesem Zwiespalt befreien konnte. Dies gelang ihm durch eine unmittelbare und persönliche Form der Architekturerfahrung, die er noch dazu mit überwältigender sinnlicher und poetischer Kraft mitzuteilen verstand. Ruskin hat ein riesiges kulturhistorisches Werk geschaffen, in dem neben den Schriften zur Malerei, vor allem den *Modern Painters*, diejenigen zur Architektur besondere Schwerpunkte bilden. Das Material für die *Stones of Venice* (1851–1853) hat Ruskin akribisch vor Ort recherchiert und er hat seine Beobachtungen in einer Fülle von Textnotizen, zeichnerischen Bauaufnahmen und Photographien dokumentiert. Es entstand ein dreibändiges Buch, das sich als historische Erzählung oder als Reiseanleitung, als Architekturgeschichte oder als Theoriebeitrag gleichermaßen lesen lässt. In Ruskins Aneignung der venezianischen Architektur verschmelzen Vergangenheit und Gegenwart, das Gewusste und das

Wahrgenommene, das, was er an Gebäuden gesehen und was er an ihnen buchstäblich ertastet hat. Für Ruskin besteht Architektur nur noch aus einer sinnlichen Gegenwart, er nimmt lakonisch zur Kenntnis, dass sie sich nicht mehr in ihrem historischen Sinn mitteilt. So hätten die Gläubigen in Venedig längst das Verständnis für die Basilika von San Marco verloren: «The beauty which it possesses is unfelt, the language it uses is forgotten.» Dabei ist Architektur, wie Ruskin in einem anderen Werk, den *Seven Lamps of Architecture* (1849), nicht zögert zu konstatieren, als materialisiertes Gedächtnis unverzichtbar: «We may live without her, and worship without her, but we cannot remember without her. (...) There are but two strong conquerors of the forgetfulness of men, Poetry and Architecture». Während Ruskin den Verlust des historischen Sinns für die Architektur in der Gegenwart bilanziert, wertet er diese zugleich immens auf. Man möge in Häusern hausen, aber Baukunst beginnt da, wo Materialien und Formen über den Nutzen hinausweisen und Architektur zur poetischen Erzählung wird.

Der Titel des Werkes über Venedig ist durchaus wörtlich zu nehmen – es geht tatsächlich um die «Steine» der einzelnen Bauwerke. Für seinen Umgang mit verschiedenen Naturmaterialien kamen Ruskin seine früheren Studien zur Geologie im schottischen Hochland und in den Alpen zugute. Die erdgeschichtlichen Sedimente betrachtet er als Zeugnisse für das Gebäude der Natur und er findet sie in den von weit her herangeschafften Bausteinen Venedigs wieder. Hier interessiert sich Ruskin kaum jemals für die Gebäude als Ganzes, denn er trägt Fragen der Benutzung und damit Grundrissen und Geschossabfolgen keinerlei Rechnung. Dagegen folgt er, wie es sein Biograph Wolfgang Kemp erörtert hat, einem dreifachen materialistischen, rezeptionsästhetischen und sozialhistorischen Ansatz, indem er einmal die Faktoren Technik und Material untersucht, sodann den Betrachterbezug und schließlich die Arbeitsorganisation auf der Baustelle.

Der erste Band der *Stones of Venice* ist eine Registratur der Steinsorten und deren elementarer Anwendungen. Er beginnt mit einem Kapitel über die Steinbrüche («The Quarry»). Es folgt die endlos scheinende Liste der einzelnen Bauglieder, in denen das Baumaterial kunstfertig verarbeitet wird, also der Sockel und Säulen, der Bogen und Wände, der Öffnungen und Dächer. Das Ergebnis dieser Autopsie war Ruskins Einsicht in eine Architekturgeschichte, über die nicht mehr als Abfolge von Neuerfindungen berichtet werden konnte, sondern stattdessen als Erzählung von andauernden Veränderungen. Überall fand Ruskin an den Gebäuden Unfertiges, Weitergebautes, Irreguläres, «Korruptes». Das mochte aus der Sicht eines Klassizisten, der auf Idealität pocht, erschütternd sein, für den Spätromantiker, der Ruskin war, erlaubte der Befund hingegen eine unvoreingenommene und einfühlsame Betrachtung eines Gebäudes, die der Lektüre eines Textes gleichkommt. Das ist wörtlich gemeint. So hält Ruskin fest, dass von vielen Gebäuden nur noch der Name und eine «Restidentität» geblieben seien, diese tue sich aber infolge späterer Veränderungen nur noch in der Modernisierung kund. Das «Testament» eines alten Baus verschaffe sich zwar noch Ausdruck, werde aber durch spätere Nachträge teils aufgehoben, teils neu interpretiert, teils entstellt. Dabei geht es Ruskin, wie schon angedeutet, nicht um den Benutzer eines Gebäudes, sondern er übergibt die Architektur weitgehend an den Betrachter («beholder»). Er arbeitet die Gesetze ihrer Sichtbarkeit («visibility») heraus und verlangt von der Architektur wie von der Kunst, dass der Betrachter vom Werk selbst befähigt werde, «es in genau der Weise zu vervollständigen, wie es der Künstler von ihm verlangt.» Der Betrachter kann am Werk Anteil nehmen, indem es in ihm Vergnügen, Genuss und Verlangen («pleasures of sight», «delight», «desire of the eyes») hervorruft, so lauten die Kernbegriffe von Ruskins Rezeptionsästhetik.

Doch diese Freude des Betrachters setzt auf der Seite der Produktionsästhetik die Freiheit des Handwerkers voraus. Ruskin erkennt sie vor allem in den Verzierungen der einzelnen Bauglieder und Ornamente: «Wurde es mit Vergnügen gemacht – war der Steinmetz glücklich, als er am Bauornament arbeitete?», hat Ruskin zur Frage erkoren, denn «wenn kein Glück dabei war, hat es keine Lebendigkeit.» (*Seven Lamps* V, §24). Dass Ruskin damit keineswegs auf ästhetische Schwärmerei hinauswollte, sondern ein zentrales Problem der Sozialgeschichte seiner Epoche zur Sprache brachte, belegt seine berühmte Äußerung im Kapitel «The Nature of Gothic», dem Herzstück der *Stones of Venice*: Man habe in den Industriegesellschaften zwar die Errungenschaft der Arbeitsteilung perfektioniert, ihr aber den falschen Namen gegeben: «It is not, truly speaking, the labour that is devided; but the men. Devided into mere segments of men, broken into small fragments and crumbs of life.» All das, die Freiheit des Handwerkers und des Betrachters, sah Ruskin noch bis in die Epoche der Gotik verbürgt. Diese Überzeugung brachte ihn zugleich auf Distanz zur Renaissance, wo er die Subordination des Handwerkers unter den Willen des Architekten am Werk sah und wo für ihn die Architektur im Entwurf stillgestellt wurde und damit aufgehört hatte «poetisch» zu sein.

John Ruskin war ein Philologe der Architektur. Ein Bauwerk soll, wie er am Ende des Kapitels «The Nature of Gothic» in den *Stones* forderte, gelesen werden wie ein Buch. Die Kühnheit, der Enthusiasmus, das Spekulative und die manchmal auch verwirrende Abundanz seiner Überlegungen kamen bei Ruskin daher, dass er an Bauwerke von außen als Schriftsteller herantrat. Seine Lektüre von Bauwerken erinnert an jenes «langsame Lesen», das Friedrich Nietzsche in der Vorrede zur *Morgenröte* (1886) dem Philologen abverlangt: Philologie sei als «Goldschmiedekunst und Kennerschaft des Wortes» nötiger denn je «mitten in einem Zeitalter der ‹Arbeit›, will sagen der Hast, der unanständigen und schwitzenden Eilfertigkeit, die mit allem gleich ‹fertig werden› will, auch mit jedem alten und neuen Buche.»

Ruskins Entdeckung der Langsamkeit verdankte sich freilich zumindest teilweise den neuen technischen Mitteln. Als Kunstkritiker und Schriftsteller stand ihm die Massenpresse zu Gebote; seine Reisen nach Venedig absolvierte er mit der Eisenbahn und er nutzte dort die eben erst erfundene Photographie als Dokumentationsmittel. Und ihm stand nur zu deutlich vor Augen, dass im industriellen Zeitalter nicht nur Personen, sondern auch Baumaterialien mobil wurden. Die «stones» der neuen Großbauwerke stammten nun nicht mehr aus der Umgebung, sondern wurden aus der Ferne mit Dampfschiffen oder der Eisenbahn herantransportiert. Architektur erklärte sich nicht mehr, weder materiell noch konzeptionell, aus lokalen Baumaterialien und auch nicht mehr aus der handwerklichen Formgebung. Nirgends wurde das so deutlich ausgesprochen wie beim *Crystal Palace*, der zur ersten Weltausstellung in London 1851 errichtet wurde, im selben Jahr, in dem auch der erste Band von Ruskins *Stones of Venice* erschien.

Weltarchitektur

Der Kristallpalast im Londoner Hydepark war sowohl das architektonische Symptom als auch das Symbol seiner Epoche, das auch für die Architekturtheorie zahlreiche drängende Fragen aufwarf. Für die *Great Exhibition of the Works of Industry of All Nations* hatten die Veranstalter von der Londoner *Society of Arts* mehr als hunderttausend Ausstellungsstücke aus den Bereichen Natur, Kultur und Technik zusammengetragen und in einer entsprechenden Taxonomie von Sektionen gruppiert. Die Ausstellung war der «sichtbarste Ausdruck der Vereinigung von panoramatischem Blick und enzyklopädischem Dokumentationswillen» (Jürgen Osterhammel). Gleichzeitig wurde an der Suprematie der europäischen Industrienationen, allen voran Großbritanniens, kein Zweifel gelassen. Der *Crystal Palace* wurde innerhalb von nur vier Monaten in rasender Eile als Glas-Eisen-Konstruktion mit einer Länge von über einem halben Kilometer errichtet. Das Gebäude, das seine Vorläufer im Brücken- und Gewächshausbau hatte, war von dem Gärtner Joseph Paxton in einer modularen Systembauweise geplant worden, wobei die Eisenteile und die Glasplatten vorgefertigt und vor Ort montiert wurden. Dass es bezüglich seiner Bauweise, seinen Dimensionen und seinem Erscheinungsbild fast alle Grundsätze des traditionellen Massivbaus in Frage stellte, haben die Zeitgenossen meist mit Bestürzung registriert. Richard Lucae, der Architekt der Frankfurter Alten Oper, spricht von «einem Stück herausgeschnittener Atmosphäre», das es schwer mache, «sich hier bei der Körperlosigkeit des Raumes den Einfluss der Form und des Maßstabs zum klaren Bewusstsein zu bringen» (*«Über die Macht des Raumes in der Baukunst»*, 1869).

Das Farbkonzept im Inneren stammte von dem Architekten Owen Jones. Dieser hatte als Bauforscher die halbe Welt bereist und seine Dokumentation in der *Grammar of Ornament* 1856 publiziert. Das Werk bietet in überbordender Fülle einen Atlas von überwältigend bunten Ziermotiven der Weltarchitektur. Nicht nur mit seinem Buch, sondern auch mit der Farbregie, die er sich für den *Crystal Palace* ausdachte, gab Owen Jones ein unüberhörbares architekturtheoretisches Statement ab. Er meldete sich in einer Kontroverse zu Wort, die als sogenannter «Polychromiestreit» jahrzehntelang die Gemüter erhitzt und sich ursprünglich an der Frage nach der Bemalung von antiken Bauwerken und Skulpturen entzündet hatte. Jones verlieh der Debatte mit seinem Weltatlas nicht nur eine globale Dimension, sondern beantwortete sie bei der Weltausstellung auch im Sinne der Polychromisten.

Kein anderer Architekturtheoretiker war in gleicher Weise unmittelbar in diese aktuellen Problemlagen involviert und hat sie so engagiert reflektiert wie der Architekt Gottfried Semper. Das geschah in zahlreichen Aufsätzen, die das Hauptwerk *Der Stil in den technischen und tektonischen Künsten* (1860–1863) vorbereiteten, welches wiederum zu den wichtigsten Theoriebeiträgen der zweiten Hälfte des 19. Jahrhunderts zählt. Den in Hamburg gebürtigen Architekten hatte es nach der Revolution von 1848/49 von Dresden über Paris ins politische Exil nach London verschlagen. Dort erhielt er, zunächst erfolglos auf Arbeitssuche, immerhin die Gelegenheit zur Ausstattung einzelner Ländersektionen im Weltausstellungsgebäude. Danach bekam er eine Anstellung am *Department of Practical Art*, das eine Reform der Kunstgewerbeausbildung ausarbeiten sollte und dem damaligen *Southkensington Museum of Applied Art* (gegr. 1852; seit 1899 *Victoria and Albert Museum*) eingegliedert wurde. Einen Grundstock der Sammlungen bildeten die Exponate der Weltausstellung, wodurch sich das Museum neben dem

British Museum zu einem kosmopolitischen Schatzhaus entwickelte. Für die Entwicklung von Sempers Architekturtheorie waren diese verschiedenen Milieus der ersten Weltausstellung, der Londoner Museen und der dortigen Kunstgewerbeschule von grundlegender Bedeutung, ihnen verdankte er den globalen Horizont seiner Theorie ebenso wie deren Ausrichtung auf eine Reform der Baukunst.

Bereits die Titulatur von Sempers Hauptwerk teilt die zentralen Ansprüche und Absichten des Autors mit und adressiert zugleich die Leserschaft: *Der Stil in den technischen und tektonischen Künsten oder eine praktische Ästhetik. Ein Handbuch für Techniker, Künstler und Kunstfreunde*. Sein *Stil* will weder eine Kunstgeschichte noch eine reine Praxisanleitung sein. Sempers stattdessen vorgeschlagener Begriff der «praktische(n) Ästhetik» verweist auf die schon oben angesprochene Aufklärungsphilosophie von Immanuel Kant, wobei Semper diesen anspruchsvollen Begriff über die Kunst- und Bauwerke hinaus auf jedwede anderen technischen Artefakte übertrug.

Sempers *Stil*, der ohne den geplanten dritten Band unvollendet blieb, ist durchaus schematisch entlang von Materialgruppen gegliedert und schon in diesem Sinn strikt «materialistisch»: Band I widmet sich den Textilien; Band II der Keramik, der Holzverarbeitung («Tektonik»), der Steinkonstruktion («Stereometrie») und den Metallen. Die einzelnen Materialien werden in ihren zweckmäßigen Anwendungen (z. B. bei Stoffen das «Band» und die «Naht»), ihren Untergruppen (z. B. Leder, Wolle) und Bearbeitungsweisen (z. B. Knoten, Gewebe, Stickerei) erörtert. Zudem untersucht Semper verschiedene historische Produktionsmilieus der jeweiligen Artefakte, er bleibt dabei jedoch zu kursorisch, als dass ihm eine über die Epochen hinweg reichende Darstellung gelingen würde. Im Kern geht es ihm um eine Determinationslehre des Stils. Wie schon seine früheren Architektenkollegen (z. B. H. Hübsch, K. F. Schinkel) setzt er es sich erneut zum Ziel, die Wahllosigkeit der historistischen «Maskierungen» von Gebäuden zu überwinden und zu einem adäquaten Zeitstil zu gelangen. Hier wirkten für Semper die Weltausstellung und der Kristallpalast wie Katalysatoren, und er erhoffte sich von ihnen, so sagt er es in einem tagespolitischen Aufsatz, einen produktiven Schock:

> «So wird auch der Bau von 1851, zu dem die Völker den Stoff zusammentrugen, eine Art von Babel herbeiführen. Diese scheinbare Verwirrung ist aber nichts weiter als das klare Hervortreten gewisser Anomalien in den bestehenden Verhältnissen der Gesellschaft, die bisher nicht so allgemein und deutlich von aller Welt in ihren Ursachen und Wirkungen erkannt werden konnten. Hierin gerade wird die gewichtigste Bedeutung des Werkes bestehen.» («*Wissenschaft, Industrie und Kunst. Vorschläge zur Anregung nationalen Kunstgefühls*», 1851)

Sein Werk über den Stil begreift Semper als Beitrag zur Überwindung der hier konstatierten Aporie. Er leistet dies weitaus konsequenter als seine Vorgänger mit dem Entwurf einer neuen, genetisch begründeten Baulogik. Stil wird von Semper als Resultat einer determinierten Anzahl von elementaren Bedingungen («Koeffizienten», «Agentien») verstanden. Allen voran stehen die technischen Mittel und die verfügbaren Materialien in den jeweiligen geschichtlichen Epochen und Regionen; hinzu kommt der sinnvolle Zusammenschluss von Funktion, Konstruktion und Dekoration. Stil geht für Semper aus einer Grammatik des Bauens hervor, die auf den Einzelelementen des Vokabulars und deren Verknüpfungen zu einem Sinngefüge beruht. Dabei beruft er sich explizit auf die Biologie (Georges Cuvier) und auf die vergleichende Sprachwissenschaft seiner Zeit (Franz Bopp, Wilhelm von Humboldt). Als Vokabular bestimmte er die vier «Urelemente» des Hauses, die später auch in der Tempelarchitektur verarbeitet worden seien, und ordnet ihnen jeweils spezifische Materialien und entsprechende Verarbeitungstechniken zu. Nach eigenem Bekunden wurde er zu dieser «Urhütte» in neuem Gewande vom Exponat der sogenannten «Karaibischen Hütte» auf der Weltausstellung inspiriert:

- der Herd als Mittelpunkt des Hauses (Ton, Töpferei);
- die Terrasse als von Mauerwerk eingefasste Erderhöhung (Stein, Mauerwerk);

– das Dach von Stützen getragen (Holz, Zimmerei);
– die Wand als «Bekleidung» durch Stoffmatten (Wolle, Leinen u.a., Textilarbeit).

Die grammatikalische Verknüpfung der Elemente wird durch vier von Semper sogenannte «Autoritäten» geleistet:

– die «eurhythmisch-symmetrische Autorität» regelt den Ausgleich der Massen und Volumina;
– die «proportionale Autorität» wirkt gegen die Schwerkraft als tektonisches Prinzip in die Höhe;
– die «Richtungsautorität» wirkt als «Symbol des freien Willens» in die Tiefenerstreckung des Raumes;
– die «Inhaltsautorität» fasst die drei Autoritäten zu der höheren Ordnung einer «Zweckeinheit» zusammen.

Durch Sempers Vokabular und Baugrammatik ist bereits ausgesprochen, dass sein ganzer Theorieentwurf als dezidierte Abwendung von dem bis dahin weitgehend unangetasteten Prinzip der architektonischen Tektonik gemeint war. Der Tektonik, also dem Zusammenhang von Stütze und Last, stellt er das berühmte Axiom seiner «Bekleidungstheorie» gegenüber. Um sie zu verstehen, ist daran zu erinnern, dass das Prinzip der Tektonik, das Semper nun durch das Ursprungsprinzip der Umhüllung ersetzt, in der Architekturtheorie des Klassizismus eine nachdrückliche Aufwertung erfahren und auch danach das Nachdenken über Architektur geprägt hatte. Hegel hatte in seiner *Ästhetik* die Tektonik als Grundprinzip der Architektur postuliert, und daran anschließend erkannte Arthur Schopenhauer in ihr das «Grundgesetz» der Architektur und radikalisierte diesen Gedanken im Sinne seiner Willensphilosophie: «Denn eigentlich ist der Kampf zwischen Schwere und Starrheit der alleinige ästhetische Stoff der schönen Architektur.» (*Die Welt als Wille und Vorstellung*, 1819, §43; 1844, §35). Erst von diesen in jeder Hinsicht wuchtigen Positionen aus lassen sich die Radikalität und Unabhängigkeit von Sempers «Bekleidungs»-Theorem ermessen, in der das Textile als das Grundprinzip aller Künste postuliert wird. Die Webkunst bezeichnet Semper als eine «Urkunst», von der alle anderen Künste ihre Typen und Symbole entlehnt hätten (*Stil*, Bd. I, S. 13). Die Indizien dafür, dass die antike Architektur ursprünglich buntfarbig bemalt gewesen sei, führen zum Rückschluss auf den Zusammenhang von Gebäude und Bekleidung. Er fasst den Begriff sehr weit, indem er unter «Bekleidung» die unterschiedlichen Formen von Fassadenzier, Vertäfelungen oder auch von ephemerem Festschmuck versteht.

Semper geht davon aus, dass die ursprüngliche Zugehörigkeit der Bekleidung zum menschlichen Körper im Verlauf der Entwicklung von den Textilien auf alle technischen Künste, von der Töpferei über Kultgeräte bis zur Baukunst, übertragen wurde und in ihnen eine zweckbestimmte und materialgerechte Form gefunden habe. Dieser Übertragungsvorgang, von Semper als «Stoffwechsel» bezeichnet, begründet den künstlerischen Gestaltungsakt, durch ihn findet die «Emanzipation der Form von dem Stofflichen und dem nackten Bedürfnis» statt (Bd. I, S. 445). Den historischen Zwischenschritt in der Entwicklung von der textilen Umhüllung zu der in einem «Mysterium der Transfiguration» daraus hervorgehenden «eigentlichen Baukunst» erkennt Semper in derjenigen Architektur, die, «mit Teppichen verhangen, mit Reisern und Blumen bekleidet, mit Festons und Kränzen, flatternden Bändern und Trophäen geziert», zu Festen errichtet wurde (Bd. I, S. 229f.).

Semper sieht im Fest den geschichtlichen Ort, in dem sich die Verwandlung vom Nützlichen zur Kunst vollzieht. In einer Anmerkung, die mit ihrem Ton poetischer Abschweifung in dem Buch nicht ihres gleichen hat, erweitert er die Schilderung des Festes zu einer ausgelassenen, dionysischen Vision des Theatralischen:

> «Ich meine das Bekleiden und Maskieren sei so alt wie die menschliche Zivilisation und die Freude an beidem sei mit der Freude an demjenigen Thun, was die Menschen zu Bildnern, Malern, Architekten, Dichtern, Musikern, Dramatikern, kurz zu Künstlern machte identisch. Jedes Kunstschaffen einerseits jeder Kunstgenuss andrerseits, setzt eine ge-

wisse Faschingslaune voraus, um mich modern auszudrücken, – der Karnevalskerzendunst ist die wahre Atmosphäre der Kunst. Vernichtung der Realität, des Stofflichen, ist notwendig, wo die Form als bedeutungsvolles Symbol als selbstständige Schöpfung des Menschen hervortreten soll. Vergessen machen sollen wir die Mittel, die zu dem erstrebten Kunsteindruck gebraucht werden müssen.» (Bd. I, S. 231)

Die Lektüre von Gottfried Sempers Schriften gleicht dem Blick in ein Kaleidoskop. Als Zeitgenosse der Epoche von Kolonialismus und beginnendem Imperialismus erweiterte Semper den kulturgeographischen Horizont der Architekturtheorie und zog damit auch deren überkommenen Eurozentrismus in Zweifel. Wenn er die «Karaibische Hütte» als Gegenmodell zur Vitruvianischen Urhütte vorschlug, so mag es sich hier *de facto* um eine weitere unbeweisbare Spekulation über die baulichen Ursprünge handeln, doch sie hat eine neue Dimension. Sie öffnet, wie die vielen anderen Zeugnisse aus verschiedenen Regionen der Erde, die Semper in den Londoner Museen aufgestöbert hat, Vorstellungsräume nicht nur in außereuropäische Welten, sondern auch in die Bezirke einer Architektur, bei der das Vorläufige und Ephemere, das Spielerische und das Festliche als Eigenschaften Anerkennung finden.

Davon konnte sich der Komponist Richard Wagner, der mit Semper seit deren gemeinsamen Tagen in Dresden befreundet und mit ihm von dort aus ins Exil gegangen war, inspirieren lassen, indem er mit seinem «Festspielhaus» als Gegenwelt zum etablierten Opernhaus die Architekturidee Sempers zu verwirklichen suchte. Wagner stellte sich für die Aufführungen seiner Werke ursprünglich einen national-demokratischen Bildungsort vor, der sich, wie er noch zur Eröffnung des Festspielhauses in Bayreuth in Erinnerung rief, als «flüchtig gezimmerte Festhalle» darbieten sollte.

Im Verlauf der Entwicklung des Historismus freilich zerschellte die Idee einer das Material transzendierenden Baukunst, wie sie Gottfried Semper vorschwebte, oft genug an den schwer auf den Bauten lastenden Repräsentationsabsichten. Auch Semper selbst hatte bei seinen Architekturentwürfen oft Kompromisse einzugehen. Er gelangte bisweilen selbst zu jenen historistischen Fassadenkulissen der «Stilarchitektur», gegen die er in seinem *Stil* anschreiben wollte. Über den Einzelfall hinaus stellte sich die gesamte Stil-Problematik noch als weitaus dramatischer dar, konnte doch die «Bekleidungstheorie» dafür herhalten, die Trennung von Außenbau und der dahinterliegenden Konstruktion theoretisch zu untermauern. Das in Bauten des Historismus häufig anzutreffende Auseinanderklaffen von historisierendem Außen und technisch avanciertem Innen wurde nicht erst von Seiten der Architekturmoderne massiv gebrandmarkt und zu einem zentralen Argument der Historismuskritik gemacht. Es wurde schon zuvor als Problem erkannt, wenn gefordert wurde, die Differenz von «Stilhülse» und «Kern» (Joseph Bayer, «*Moderne Bautypen*», 1886) zu überwinden. Eine Lösung aus diesem Dilemma suchte man in der Kategorie des architektonischen Raumes.

Die Entdeckung des Raumes

Seit dem Ende der 1980er Jahre ist in der Geschichtswissenschaft sowie in weiteren Geistes- und Kulturwissenschaften von einer «Raum-Wende» (*spacial turn*) die Rede. Gemeint ist damit, dass Geschichte nicht nur durch die Rekonstruktion von zeitlichen Entwicklungen verstehbar gemacht werden soll, sondern auch durch die Interpretation von topographischen Kategorien. *Im Raume lesen wir die Zeit*, so lautet der Titel eines Klassikers zum *spacial turn* von Karl Schlögel (2003). Als die wichtigsten Auslöser für diesen Methodenwandel können die weltweiten geopolitischen Veränderungen nach dem Ende des Kalten Krieges sowie die virtuelle Verräumlichung der Kommunikation durch das Internet gelten. *Chronik* ist nur im *Topos* denkbar: Der Vorstellung von einer verzeitlichten Geschichte, in der sich ein Reservoir von Überlieferungen und dauerhaften Einrichtungen gebildet hat, tritt ein Begriff von Raum an die Seite, in dem Traditionen und Institutionen örtlich zu fixieren sind. Nun geht es, durchaus geschichtsskeptisch, nicht mehr in erster Linie um Konzepte von Fortschritt und Modernisierung, sondern um konkret lokalisierbare Konstellationen von Gleichzeitigem. Raum wird dabei nicht mehr als bloße physisch-territoriale, sondern als relationale Größe verstanden. Das heißt, dass er nicht einfach vorgegeben ist, sondern durch Wahrnehmung, Verhalten und Kommunikation in einer bestimmten Umwelt erst konstituiert wird und dass durch entsprechende Distanzregelungen unvermeidlich hierarchische Sozialbeziehungen zur Darstellung kommen.

Blickt man von dieser Aktualität des *spacial turn* auf die Architekturtheorie des späten 19. Jahrhunderts zurück, so sind die Vorläuferschaften und Parallelen überraschend. Die erste Raumrevolution fand ohne Zweifel bereits damals statt. Seinerzeit wurde die Kategorie des «Raumes» überhaupt erst als Gegenstand der Analyse von Gebäuden und auch als Erkenntnisgröße für die Architektur entdeckt. Darüber hinaus kann man die Behauptung wagen, dass dem architektonischen Historismus durch die Kategorie des Raumes ein Ende gesetzt wurde. Die historistische Auffassung von Architektur in ihrer Vergangenheits-Gegenwarts-Relation wurde vom räumlichen Verständnis von Architektur in ihrer Ort-Nutzer-Relation abgelöst. Als Gründungstexte dieses neuen Raum-Denkens können zwei architekturtheoretische Beiträge gelten, die sich beide dem architektonischen Raum widmen, doch unterschiedlicher kaum sein könnten. Während der Kunsthistoriker August Schmarsow 1893 eine Anthropologie des Raumes formuliert, plädiert der Architekt Louis Sullivan 1896 für eine Milieutheorie der Architektur.

August Schmarsows Überlegungen gehen auf dessen Antrittsvorlesung zurück, die er im November 1893 an der Universität Leipzig hielt und deren Text dann als Broschüre unter dem Titel *Das Wesen der architektonischen Schöpfung* (1894) erschien. Schmarsow hat seine Überlegungen, dem feierlichen akademischen Anlass angemessen, kunstvoll und stellenweise gelehrt abschweifend formuliert; sie lassen sich kompakt in den folgenden Thesen zusammenfassen: 1. Architektur ist Raumschöpfung und nicht Gestaltung von Baukörper bzw. Masse; 2. Raum wird konstituiert durch den Benutzer oder Betrachter und nicht durch feste Begrenzungen; 3. Zentrum und «Korrelat des Raumes» ist der Mensch aufgrund der ihm eigenen Körpereigenschaften.

Schmarsow konstatiert zu Beginn seiner Vorlesung, dass die Architektur bislang unter dem Diktat einer «Ästhetik von außen», also von der Wand und der Fassade her, anstatt von einer «Ästhetik von innen», also vom Raum aus, betrachtet worden sei. Seinen Raumbegriff sucht er genetisch aus dem Ursprung der Architektur zu begründen und er verklammert dabei die Herstellung von Räumen mit deren Rezeption. Seine entschiedene Abkehr von den vitruvianischen Kategorien Zweck, Schönheit und Festigkeit («zweckvoll, wohlgefügt, sicher») kleidet er elegant in eine rhetorische Frage:

> «Ist die aufgeschichtete Masse zweckvoll behauener Steine, wohlgefügter Balken und sicher gespannter Wölbungen das architektonische Kunstwerk, oder entsteht dies nur in jenem Augenblick, wo die aesthetische Betrachtung des Menschen beginnt, sich in das Ganze hineinzuversetzen und mit reiner freier Anschauung alle Teile verstehend und genießend zu durchdringen? Sowie wir in diesem schauenden Genuß die eigentliche Hauptsache erblicken, (...) so sinkt das technische Gerüst, der ganze Aufwand an massigem Material zu einer sekundären Bedeutung herab, nämlich des Mittels zum aesthetischen Zweck.»

Für Schmarsow ist der architektonische Raum letztlich konstituiert durch die menschliche Körperlichkeit selbst, und dies sowohl durch unsere Somatik als auch durch unsere Positionierung im Raum. Bereits im aufrechten Gang, der paarweisen Anordnung von Gliedmaßen und Sinnesorganen, der Ausrichtung nach vorne ist der Mensch räumlich organisiert; Schmarsow spricht vom «Höhenlot» sowie von «Tiefen-, Richtungs- und Horizontalaxen». Der Mensch selbst ist schon ein «Raumgebilde», zu dem der architektonische Raum durch Proportion, Symmetrie und Dreidimensionalität in eine komplementäre Entsprechung tritt. Schmarsows Antwort auf die Frage nach dem «Wesen der architektonischen Schöpfung» ist der Raum, und dementsprechend formuliert er sein bündiges Fazit als Ablehnung: «In diesem Sinne können wir nicht zugeben, daß die

Entwicklungsgeschichte der Architektur auf die Errichtung fester Gebäude, geschlossener Bausysteme beschränkt werde.»

Der Chicagoer Architekt Louis Sullivan stellt Schmarsows anthropogenem Raumverständnis das Konzept des funktionalistischen Raumes gegenüber. Seine in diesem Zusammenhang geprägte Formel «form ever follows function» («die Form folgt stets der Funktion») hat es immerhin zu einer gewissen Popularität gebracht. Ihre Einprägsamkeit verdankt sich sprachlich zunächst der rhetorischen Figur des gleichen Anlauts der drei Wörter, wodurch, wie bei jeder Alliteration, mit dem formalen Zusammenklang auch eine gleichsam sprachlich schon prädestinierte inhaltliche Schlüssigkeit suggeriert wird. Dabei ist die Behauptung weitaus schwieriger zu verstehen, als es auf den ersten Blick scheint, denn so ziemlich jedes Wort ist der Nachfrage wert. Louis Sullivan hat die Formel in seinem berühmten Aufsatz über das *«Bürohochhaus als Werk der Baukunst»* zum Leitsatz des Architekturentwurfs erkoren. Der Essay *«The Tall Office Building Artistically Considered»* erschien erstmals 1896 in einer Literaturzeitschrift, wodurch sich auch der Verzicht auf einen professionellen Jargon erklärt, wenngleich der Verfasser an der Verbindlichkeit seiner Forderungen keinen Zweifel lässt.

Sullivan exemplifiziert den «form follows function»-Imperativ, der gedanklich einige Jahrzehnte weiter zurück reicht, anhand der Erläuterung der neuen Bauaufgabe des Bürohochhaues in den amerikanischen Großstädten; damit macht er ihn auch als Aussage über den Stadtraum fruchtbar. Er beschreibt ein Milieu mit all seinen Hervorbringungskräften, das den «true normal type» des Bürohochhauses in der Großstadt generiert. Der Typus wird vom geschäftlichen Bedarf, den örtlichen Baugesetzen, den neuen konstruktiven Verfahrensweisen des Eisenskelettbaus und der Erfindung des Fahrstuhls, den speziellen Raumprogrammen für die vertikale Bürokratie und von den Notwendigkeiten des architektonischen Ausdrucks geschaffen. Der Architekt kann laut Sullivan dann in Kenntnis dieser «Funktionen» die «Form» in einem, wie er sagt, «instinktiven» schöpferischen Akt hervorbringen («if we follow our natural instincts»). Sullivan gelangt in Bezug auf die Form zu einer dreiteiligen Disposition des Gebäudes mit einer unteren Eingangszone als Sockel, einer in der Vielzahl der gleichförmigen Regelgeschosse nach oben strebenden Hauptzone und einem oberen Abschluss des Gebäudes in der Form einer Attika. In seinen Augen ist eine solche «Trinität» der Form nicht nur im Kleinen bei der Säule vorgegeben (Basis, Schaft und Kapitell), sondern sie kommt naturwüchsig «in many trinities in nature and art» vor. Er denkt dabei an Bäume (Wurzel, Stamm, Krone) oder an den Tagesablauf (Morgen, Mittag, Abend).

In Sullivans notorischer, im Text wie ein Refrain mehrmals wiederholter und zur Lautstärke des *fortefortissimo* (*fff*) gesteigerten Leitformel «form ever follows function» umschreibt «Funktion» gerade nicht die Nutzung eines Gebäudes oder den speziellen Raumbedarf, wie der Begriff landläufig verstanden wird. Sullivan begreift «Funktion» hingegen in einem weitaus grundsätzlicheren Sinn als die Erfüllung derjenigen Aufgaben, die ein einzelner Teil (hier das Bürohochhaus) in einem geordneten Ganzen (hier das Milieu der Stadt) zu übernehmen hat. So ließe sich Sullivans «Gesetz» dahingehend paraphrasieren, dass in der äußeren Erscheinung und in der Raumeinteilung eines Gebäudes («form») die Hervorbringungskräfte des Milieus («function») evolutionär («ever») adaptiert werden («follows»).

Dabei ist es für das bessere Verständnis hilfreich und inhaltlich entscheidend, dass Sullivans Theorie von der seinerzeit aktuellen Evolutionstheorie Charles Darwins (*On the Origin of Species*, 1859; *The Descent of Man*, 1871) inspiriert ist. Demgemäß ist in Analogie zu den Lebewesen von Flora und Fauna auch ein Bauwerk in seiner funktionalen wie formalen Ausstattung ein Produkt seiner Umwelt mit ihren entsprechenden, am Beispiel des Bürohochhauses von Sullivan konkret benannten Determinanten. Damit wird die Architektur unter die Gesetze der Evolutionstheorie gestellt. Zugleich wird der zukünftigen Moderne insofern eines ihrer zentralen Argumente geliefert, als der Begriff der Geschichte durch den Begriff der Evolution abgelöst wird. Die Architektur der Moderne legitimiert sich nun nicht mehr aus kontingenten geschichtlichen Vorgängen, sondern aus evolutionär zwangsläufigen Prozessen und aus der Logik des naturalen und gesellschaftlichen Milieus.

Sullivans Theorie des Bauens integriert sowohl die Evolution als auch das Milieu in die Konzeption des Raumes. Wie bei Darwins Naturverständnis geht es bei Sullivans Kulturverständnis um die Verteilung von tendenziell begrenzten Ressourcen in einem als ebenso begrenzt gedachten Raum – im Fall der Tiere und Pflanzen die instinktiven Primärbedürfnisse nach Fortpflanzung und Nahrung, im Fall der Architektur die ökonomische Konkurrenz um Baugrundstücke und die effiziente Anpassung an vorgegebene technische, politische und ästhetische Reglements. Damit wird offensichtlich, dass Sullivan Raum als eine institutionelle Kategorie, nämlich als sozial und habituell bestimmte Größe versteht. Genau hierin liegt einerseits eine Parallele, aber auch ein entscheidender Unterschied zum Ansatz von August Schmarsow. Denn auch dieser sieht Raum nicht als physikalisch vorhandene, gleichsam «leere» Entität an, sondern als eine «vom Menschen» hergestellte Gegebenheit; er bezieht sich jedoch nicht auf Institutionen, sondern auf den Körper des Menschen.

Bei der Konzeption des Raumbegriffs am Ende des 19. Jahrhunderts wirkten vielfältige Inspirationsquellen zusammen. Zunächst hat die ältere Architekturtheorie hier kaum Vorarbeiten geleistet; «Raum» wurde bis dahin entweder konkretistisch als «Räumlichkeit» oder «Zimmer» (i. d. S. auch in den anderen Sprachen z. B. ital. *camera* vs. *spazio*; engl. *room* vs. *space*) verstanden oder abstrakt als symbolische Raumordnung. Hingegen kann das gesamte 19. Jahrhundert als Zeitalter der Erschließung, Entdeckungen, Beschreibung und Abbildung des Raumes gelten, wobei sich dies sowohl auf die geographischen Makroräume der Erde als auch auf bislang unsichtbare mikroskopische Räume in Physik, Chemie und Medizin (z. B. Entdeckungen in Atomphysik, Zelltheorie, Embryologie und Genetik) bezog. Im Bereich der Architektur prägten vor allem die modernen Hallenbauten der Bahnhöfe und Industriebauten neue Raumerfahrungen, die – wie das Beispiel des *Crystal Palace* zeigt – Raum als unbegrenzte «Atmosphäre» und nur noch partiell als geschlossene Umbauung zur Wahrnehmung bringen. Schließlich widmeten sich die

Maler des Impressionismus nicht nur der Architektur der modernen Großstadt, sondern setzten auch die regelgemäße Durchführung der Perspektivkonstruktion mit ihren geometrischen Koordinaten weitgehend außer Kraft. Bei Claude Monet wird die Bausubstanz des Bahnhofs Saint-Lazare im gleichnamigen Gemälde (1877) ganz zum durchlässigen Gerüst aufgelöst und vom lichtgesättigten Dampf der Lokomotiven durchflutet. Raum wird in diesen Bildern dem Betrachter vor Augen gestellt durch die Anordnung der in ihm vorhandenen, oftmals nur als schemenhafte Gegenstandsabbreviaturen dargestellten Objekte und Phänomene – seien es Menschen, Dinge oder flüchtige Licht- und Wolkeneffekte. Schmarsows Raumtheorie findet in diesen Gemälden ihre unmittelbarste künstlerische Entsprechung.

Angesichts solcher Verflechtungen mit anderen Wissenschaften und Kulturfeldern wäre es aber wohl dennoch ein Missverständnis, im 19. Jahrhundert von einer Intensivierung der Außenbeziehungen der Architektur zu anderen Disziplinen zu sprechen. Auf der einen Seite beruhte Architekturtheorie von jeher auf diesem Austausch. Im Szenario der Impulse von außen, lässt sich dann für das 19. Jahrhundert eher eine Abgrenzung der Architektur von den Disziplinen konstatieren. Sofern, wie wir gesehen haben, Erkenntnisse anderer Wissenschaften in die eigene Disziplin aufgenommen wurden, geschah dies nicht als systematische Integration dieses Wissens, sondern im Sinne von metaphorischen Vergleichen und in Analogiebildungen. Es hat den Anschein, dass Interdisziplinarität in dem Maße unterbunden wurde, in dem die Architektenschaft ihre zunehmende Professionalisierung erfuhr, ihr Standesbewusstsein ausprägte und damit ihre eigene Disziplinarität erst entdeckte. All dies geschah im Verlauf des 19. Jahrhunderts, als sich Ausbildungsstätten an Akademien und danach an den Architekturfakultäten der Technischen Hochschulen etablierten (in Paris *École Spéciale d'Architecture* und *École Polytechnique* 1795; *École des Beaux-Arts* 1797; *Bauakademie* in Berlin 1799) und als darüber hinaus mit den Architektenkammern (zuerst *Royal Institute of British Architects* 1834) eigene berufsständische Organisationen geschaffen wurden.

Viele der seinerzeit in Gang gesetzten Entwicklungen sind bis heute Realität. Institutionell wird die Trennung von den Ingenieuren größtenteils aufrechterhalten; sozialgeschichtlich ist das Architekturgeschäft weiterhin eine Männerdomäne mit einem eigenen professionellen Selbstverständnis geblieben und nicht zuletzt wurde auch die Architekturtheorie in neue Rahmenbedingungen gestellt. Hier fand daher im 19. Jahrhundert gerade nicht die zu erwartende Beschleunigung der Entwicklung durch die Impulse in den Natur- und Geisteswissenschaften statt, sondern die Architekturtheorie besann sich auf sich selbst. Theorie und Praxis der Architektur blieben seither zwischen jenen «zwei Kulturen» (Charles Percy Snow) der Naturwissenschaften einerseits und der Geisteswissenschaften andererseits angesiedelt. Üblich geworden sind systemloyale Selbstbeschreibungen (Architekten schreiben über Architektur), während systemkritische Fremdbeschreibungen (Nicht-Architekten schreiben über Architektur) zur Ausnahme wurden. Architekturtheorie wurde zudem als eine Ideenlehre europäischer Tradition festgeschrieben und wo sie andernorts hervorgebracht wurde und wird (zunächst in den USA, dann in Asien und Lateinamerika), steht sie im Bannkreis der von Europa ausgegangenen «Unterwerfung der Welt» (Wolfgang Reinhard). All diese Positionen wurden dann durch den radikalen Autonomieanspruch, den die Vertreter der Architekturmoderne verfochten, in den ersten Jahrzehnten des 20. Jahrhunderts umso nachdrücklicher befestigt.

VI. Moderne und Strukturalismus

Die Avantgarde und ihre Medien

Mit dem Siegeszug der Moderne ab etwa 1910, seit den 1970er Jahren als «Klassische Moderne» bezeichnet, gewinnen einzelne Themen der Architekturtheorie den Klang populärer Schlagworte. Funktionalismus («form follows function») und «Raum» wurden schon genannt, ferner gehören dazu: Internationalität

(«International Style»); Materialgerechtigkeit und Ablehnung des Ornaments («Ornament ist Verbrechen»); Typus («Typenstreit»); Industrielles Bauen und Maschinenästhetik («Wohnmaschine»); Sozialbauten («Bauen für das Existenzminimum»); die Funktionstrennung im Städtebau («Wohnen, Arbeiten, Freizeit, Verkehr»; «autogerechte Stadt»). Es braucht nach dem bisher in diesem Buch Erörterten kaum mehr darauf hingewiesen zu werden, dass viele dieser Themen auf die eine oder andere Weise lange vorher in der Architekturtheorie zur Sprache gekommen waren. Aus dieser Perspektive sind, so hat es den Anschein, in der Moderne nicht die Themen neu, grundlegend verändert haben sich hingegen der Bezugsrahmen der gesellschaftlichen Modernisierung, in dem sie nun debattiert wurden, und die Möglichkeiten ihrer Vermittlung durch neue Medien der Architekturtheorie.

Ein auf die Architektur bezogener, spezieller Begriff der Moderne kommt ohne einen allgemeinen Begriff von der Moderne nicht aus. Oder umgekehrt und etwas komplizierter gesagt: Bei der Architekturmoderne handelt es sich um ein Derivat des Gesamtsystems der modernen Gesellschaft. Deren Selbstverständnis liegt die Überzeugung zugrunde, dass sich technisch-industrieller Fortschritt einerseits und gesellschaftliche Modernisierung andererseits gegenseitig bedingen. Demgemäß beruht in der modernen Massengesellschaft die Zugänglichkeit der wichtigsten materiellen und immateriellen Ressourcen, vor allem Berufseinkommen, soziale Wohlstandsgarantie, Bildung und politische Partizipation, auf dem Prinzip der Erwerbsarbeit, die von der Massenbeschäftigung in Industrie, Gewerbe und Dienstleistung ermöglicht wird. Auf sozial-gesellschaftlicher Ebene war die Moderne als Erwerbsgesellschaft in einem jeweils nationalen Rahmen definiert, in der dem Einzelnen sozialer Status, persönliche Identität und Wohlfahrtsvorsorge durch Erwerbsarbeit gewährleistet werden. Auf historisch-ideologischer Ebene wurde sie nicht mehr aus Tradition und Geschichte legitimiert, sondern durch ihre eigenen Selbstbegründungen, wobei das «Neue» zum Signalwort wurde. 1920 veröffentlichte Walter Gropius, der Begründer des Bauhauses in Weimar, einen Aufsatz unter dem Titel «*Neues Bauen*». Gleichzeitig war die Rede von der «Neuen Sachlichkeit» in Malerei und Literatur sowie von der «Neuen Musik»; erwartungsgemäß machte bei so viel Aufbruch auch das Wort vom «Neuen Menschen» die Runde. Die Großschreibung von «Neu» soll schon formal terminologische Verbindlichkeit und inhaltlich die Institutionalisierung der Innovationsleistungen zum Ausdruck bringen – das «Neue» als Epochenbegriff der Moderne.

Die Architekturmoderne ist Teil dieser allgemeinen Begründungen und realisiert diese sozusagen mit ihren eigenen Mitteln. Dies geschieht technisch durch die sich freilich erst allmählich durchsetzende Industrialisierung des Bauens z. B. mittels der arbeitsteiligen Mechanisierung der Bauherstellung und der Verwendung industriell vorgefertigter Bauteile und synthetischer Materialien (bes. Beton, Eisen, Glas); sozial-gesellschaftlich treten neben dem Industriebau insbesondere die Bauaufgaben des Massenwohnungsbaus in den Blick; auf historisch-ideologischer Ebene sind die radikale Abwendung vom Historismus sowie ein selektiver Bezug auf Geschichte zu verzeichnen. Symptomatisch dekretiert der Architekturhistoriker Sigfried Giedion, als Sekretär der 1928 ins Leben gerufenen *Congrès Internationaux d'Architecture Moderne* (CIAM) einer der einflussreichsten Wortführer der Moderne, ein gänzlich instrumentelles Verhältnis zur Vergangenheit: «Aufgabe des Historikers ist es, vorab die Keime zu erkennen, und aus dem ungeheuren Komplex einer vergangenen Zeit jene Elemente herauszuschälen, die zum Ausgangspunkt der Zukunft werden.» (*Bauen in Frankreich*, 1928). Geschichte dient in diesem Verständnis nicht mehr als Möglichkeit, sich anhand von Differenzbildungen kritisch mit der eigenen Gegenwart auseinanderzusetzen, sondern nur noch als Fundus von bestätigenden Referenzen für die Sache der Moderne.

Entwerferische Konzepte der modernen Architektur («Neues Bauen», «Internationaler Stil») lassen sich vor allem aus dem Anspruch ihrer Anwendung innerhalb dieser vielfältigen Begründungen erklären. Dies betrifft die Forderung nach der Autonomie des Gebäudes gegenüber dem Umgebungsraum, die

Selbstthematisierung von Architektur mittels entsprechender Raumbegriffe (z. B. Adolf Loos: «Raumplan»; Le Corbusier: «promenade architecturale»; Ludwig Mies van der Rohe: «absoluter Raum») oder die Auffassung vom Bauwerk nicht mehr als ganzheitlich gedachtes «Haus», sondern als «Gebäude» im Sinne eines synthetisch zusammengesetzten Funktionssystems. Aus diesen Entwurfskonzepten begründet sich dann die Anwendung eines gesamten Arsenals rein formaler Elemente, die, wie Flachdach, Vorhang- und Lochfassade, Bandfenster, Ornamentverzicht etc., die Moderne geradezu klischeehaft versinnbildlichen. Kennzeichnend ist jedoch, dass einzelne Formentscheidungen auf generell formulierten, obligatorisch «neuen» Entwurfskonzepten beruhen, die ihrerseits wiederum strikt funktional aus den Erfordernissen der gesellschaftlichen Verhältnisse abgeleitet werden.

Die Architekturtheorie partizipierte an den modernen Gesellschaftsverhältnissen zunächst einmal durch die Nutzung aktueller Massenmedien. Durch sie gelang es den beteiligten Akteuren, ihren Absichten Gehör zu verschaffen, wobei die Medien ihrerseits aktiv auf die Inhalte und die Machart der theoretischen Programme zurückwirkten. Die Botschaften wurden in dem Maße lauter, in dem es um die Abgrenzung von der Tradition aber auch von anderen konkurrierenden Positionen innerhalb der Avantgarden ging. Bei den Medien, die dafür in Anspruch genommen wurden, handelte es sich um Publikationsorgane wie Zeitschriften und Buchreihen sowie um visuelle Medien wie Architekturausstellungen; hinzu kamen die Organisationsformen von Vereinen, Architektengruppen und -schulen. Keines dieser Instrumente war für sich genommen völlig neu, doch sie wurden nun in exorbitanter Dichte für die Propagierung des «Neuen» in Dienst genommen und in wechselseitiger Konkurrenz natürlich auch für die Publikums- und Auftragsmärkte zurechtgerüstet.

Für die verschiedenen Medieninitiativen boten entsprechende Institutionen die organisatorischen und programmatischen Plattformen. Der *Deutsche Werkbund* sah, wie es in der Satzung von 1907 heißt, seinen Zweck in der «Veredelung der gewerblichen Arbeit im Zusammenwirken von Kunst, Industrie und Handwerk durch Erziehung, Propaganda und geschlossene Stellungnahme zu einschlägigen Fragen.» Eine Folge von gewichtigen Jahrbüchern und Ausstellungen begleitete neben der praktischen Entwurfstätigkeit der Mitglieder dieses Vorhaben. Eine ähnliche Konstellation von organisatorischer Durchsetzung, nun nicht mehr als Verein, sondern als Schule, und von Medienpräsenz durch Ausstellungen und die Reihe der *Bauhaus-Bücher* strebte das 1919 in Weimar gegründete *Bauhaus* (in Dessau 1923–33) an. Programmatisch wurden hier Impulse aufgenommen, die von den recht unterschiedlich ausgerichteten zeitgenössischen Künstlergruppen ausgingen – der Futuristen, die sich seit 1907 in militant zukunftsorientierten Manifesten artikulierten und vor allem der niederländischen *De Stijl*-Bewegung (ab 1917), die auch die gleichnamige Zeitschrift verantwortete. In den 1928 gegründeten *CIAM* fand die Architekturmoderne eine Organisationsform, die bis zur Mitte der 1950er Jahre einen Monopolanspruch in Sachen Architekturmoderne vertrat und auch die Theoriediskussion durch die Publikation der jeweiligen Tagungsakten nachhaltig prägte. Man mag nur an so berühmte Schriften wie die *Charta von Athen* (1933, erschienen 1943) denken.

In diesen Jahren avancierten Architekturzeitschriften zu wichtigen Verlautbarungsorganen einzelner avantgardistischer Parteistandpunkte. Ein Vorläufer des modernen Typus waren die Londoner Zeitschrift *The Studio. An Illustrated Magazine Of Fine And Applied Art* (ab 1893), die auch in einer amerikanischen und französischen Ausgabe erschien und ein zentrales Mitteilungsorgan der *Arts and Crafts*-Bewegung und des *Art Nouveau* war, sowie in den USA *The Architectural Record* (ab 1891). In Berlin erschienen ab 1914 als Verlagsunternehmen *Wasmuths Monatshefte für Baukunst*. In der Zeitschrift *De Stijl* (ab 1917) wurde noch während des Ersten Weltkriegs ein international ausgerichtetes Programm für eine kulturelle Neuorientierung entworfen. Sie war der Vorreiter für eine ganze Reihe von, bisweilen kurzlebigen, Architekturzeitschriften in einzelnen europäischen Ländern. In Paris wurden die Zeitschriften

Esprit Nouveau (ab 1920), *L'Architecture Vivante* (ab 1923) und *L'Architecture d'aujourd'hui* (ab 1930) gegründet; die in Mailand ab 1928 gleichzeitig erscheinenden Zeitschriften *Casabella* und *Domus. Architettura e arredamento dell'abitazione moderna in città e in campagna* vermittelten, wie ihre Titel bereits andeuten, moderne Wohnkultur mit entsprechenden Designprodukten.

Schließlich fungierten Ausstellungen als international beachtete Foren für die Manifestationen bestimmter Architekturauffassungen. Es mochte sich dabei um Bauausstellungen mit dauerhaft oder temporär errichteten Bauten handeln oder um Präsentationen von Plänen, Photographien und Modellen in Museen. Den Vorläufer der Bauausstellungen kann man in den seit 1851 abgehaltenen Weltausstellungen sehen; wichtige Impulse gaben die Ausstellungen der *Secessionen* von bildenden Künstlern um die Jahrhundertwende. Der *Werkbund* richtete, beginnend in Köln 1914, mehrere Ausstellungen in verschiedenen Städten aus. Die berühmteste Bauausstellung des «Neuen Bauens» wurde 1927 vom *Werkbund* unter dem Motto «Die Wohnung» mit der Stuttgarter Weißenhofsiedlung organisiert und dokumentierte eine «Internationale Architektur», wie sie bereits 1923 unter diesem Titel in einer von Walter Gropius am Bauhaus in Weimar kuratierten Ausstellung vorgeführt worden war. In Stuttgart bezogen konservative Vertreter der *Stuttgarter Schule* unverzüglich gegen die Weißenhofsiedlung Stellung und errichteten in deren unmittelbarer Nachbarschaft am Kochenhof die ebenfalls noch bestehende Siedlung mit Musterbauten in Holzbauweise. In Italien kam es 1926 zur Gründung des *Movimento italiano per l'architettura razionale*, der in den Jahren 1928 und 1931 entsprechende Ausstellungen organisierte.

Eine eindrucksvolle Summe all dieser Bestrebungen, der Moderne zur Durchsetzung zu verhelfen, zog bereits zu früher Stunde 1932 die Architekturschau «Modern Architecture – International Exhibition». Ausgerichtet wurde sie im erst drei Jahre zuvor in New York gegründeten *Museum of Modern Art*. Es ging um nichts weniger als um eine erste historische Bilanz der seinerzeit gut ein Jahrzehnt währenden Architekturmoderne. Intendiert war deren normative Begründung als ein dezidiert international ausgerichteter Stil der Gegenwart. Die strukturellen Vorbedingungen, die das Unternehmen überhaupt erst ermöglichten, waren vielfältig: Neben die gegenwärtigen Entwicklungen der Architektur in Europa und den USA, die schon in den Jahren zuvor in Publikationen und Ausstellungen protokolliert worden waren, trat die politische Idee der transatlantischen Internationalität seit dem Ersten Weltkrieg, wie sie sich u. a. im 1919 gegründeten Völkerbund konkretisierte. Die Institution der Ausstellung als Medium der Verlautbarung für neue künstlerische Ideen war ebenso etabliert und hatte mit dem *Museum of Modern Art* ein eigenes Forum erhalten. Gezeigt wurden in der Ausstellung hauptsächlich Projekte der *De Stijl*-Bewegung und des *Bauhauses*; Walter Gropius, Le Corbusier, Ludwig Mies van der Rohe, J. J. P. Oud sowie als Amerikaner Frank Lloyd Wright werden als die «great leaders of modern architecture» gewürdigt. Kuratiert wurde die Ausstellung von dem Architekten Philip Johnson und dem Architekturhistoriker Henry-Russell Hitchcock, die auch die zugehörige Begleitpublikation verfassten.

Dem Buch ist eine ausführliche Einleitung vorangestellt, während im Tafelteil die Einzelbauten meist informativ mit Grundriss, Photoansicht und kurzer Texterläuterung präsentiert werden. *The International Style. Architecture Since 1922*, so der Titel, zählt zu den grundlegenden architekturtheoretischen Stellungnahmen der Architekturmoderne. Die Ausgangsfrage der Autoren nach den «Prinzipien des Stils» («principles of style»), war als solche keineswegs originell, war sie doch schon das ganze 19. Jahrhundert hindurch gestellt worden. Unerhört war hingegen der Anspruch, verbindliche Grundbegriffe für die zeitgenössische Architektur aufzustellen und diese damit analog zu früheren Stilen als eigenständigen Stil einer Epoche, nämlich der Moderne, zu etablieren. Dieser wird darüber hinaus autoritativ als ein «Einheitsstil» («single new style») jenseits aller Stile postuliert. Bei diesem «contemporary style, which exists throughout the world» handle es sich nicht um einen «wiederbelebten Stil» («revived style») wie in den früheren Epochen und im Historismus, sondern er habe sich evolutionär aus seiner eigenen inneren Folgerichtigkeit entwickelt und begründe sich dementsprechend aus ebenso rationalen wie alternativlosen «Prinzipien». Als konstitutiv für den «International Style» werden drei «principles» erkannt:

«A First Principle: Architecture as Volume»: Architektur ist umschlossener Raum; an die Stelle von Mauer und Masse tritt das Volumen, dessen Konstruktion als «offene Schachtel» («open box») durch den modernen Stahlskelettbau und die Vorhangfassade ermöglicht wird.

«A Second Principle: Concerning Regularity»: Modulare Regelmäßigkeit wird ermöglicht durch die Gegebenheiten standardisierter Bauteile in einem konstruktiven Raster, wobei es sich dabei eher um eine «Art des Ordnens» und ein Bekenntnis zur asymmetrischen Grundrissbildung entsprechend den inneren Abläufen und Funktionszonen handelt.

«A Third Principle: The Avoidance of Applied Decoration»: Abgelehnt wird das applizierte Ornament konventioneller Form und handwerklicher Herstellung; befürwortet werden hingegen das standardisierte architektonische Detail und Elemente der Gebäudeausstattung als Dekoration.

Die Bedeutung des *International Style*-Katalogs ist zwiespältig. Um ein Theoriewerk handelt es sich zweifelsohne, kommt es doch der vornehmsten Pflicht jeder Theorie nach, nämlich nach den «Prinzipien» des Handelns, in diesem Falle des Architekturentwurfs, zu fragen. Gleichzeitig lässt sich der Katalog aber auch schlicht und altmodisch wie ein Säulenbuch des 16. Jahrhunderts lesen, nämlich als ein Rezeptbuch für erfolgreiches Bauen auf dem internationalen Architekturmarkt in arbeitsteilig organisierten Architekturfirmen. Henry-Russell Hitchcock hat schon 1947 die Architekturproduktion, die von wenigen weltweit agierenden Architekturunternehmen dominiert wurde, in einem Aufsatz als «architecture of bureaucracy» tituliert. Und tatsächlich wurde der Katalog als Handreichung zum Entwerfen im Internationalen Stil, der bis in die Gegenwart eine Hauptströmung in der Architekturproduktion darstellt, aufgenommen.

In ähnlicher Weise wie die Architekturentwicklung des Internationalen Stils selbst wirkt auch das Medienensemble, das in der Moderne für die Manifestation neuer Grundsätze entwickelt wurde, bis in die Gegenwart fort. Das gilt selbst dann, wenn sich die Programmatiken verlagert oder gar ins Gegenteil verkehrt haben. Den älteren Zeitschriften traten neuere, manchmal nur wenige Jahre erscheinende Journale mit explizit «kritischer» theoretischer Ausrichtung an die Seite (z.B. *arch+*, ab 1968; *Oppositions*, 1973–84; *Assemblage*, 1986–2000; *ANY*, 1993–2000). Einzelne Architekturschulen pflegen ein eigenes theoretisches Profil. Hier lässt sich beispielhaft die schon 1847 in London gegründete *Architectural Association* nennen, die sich in den 1960er Jahren radikal reformierte. Die Liste der Professoren und Studenten der *AA* liest sich wie ein *Who is who* der aktuellen «Szene»; durch Ausstellungen und Publikationen wurde die *AA* darüber hinaus zu einer tonangebenden Diskursschmiede. Auch andernorts werden Theorieprogramme durch einzelne Architektenpersönlichkeiten konzipiert und an die Studenten sowie in die Öffentlichkeit hinein durch Entwurfslehren vermittelt; genannt seien die theoretisch fundierten Entwurfslehren von Oswald Mathias Ungers (*Die Thematisierung der Architektur*, 1983) und von John Hejduk (*Education Of An Architect*, 1988).

Nicht zuletzt dienen Ausstellungen und deren Kataloge weiterhin als Trendansagen. Ausgerechnet in das *MoMa* platzte 1964 die Ausstellung «Architecture Without Architects» herein, in der anonyme, in traditionellen Bauweisen errichtete Architekturen aus unterschiedlichen Regionen der Erde dokumentiert wurden. Die Schau, die für gut ein Jahrzehnt in dutzenden von Städten auf Tournee ging, meldete subversiv, aber unüberhörbar Zweifel am Sinn autoritativ geplanter, global distribuierter Großbauten an und warf einen ersten Schatten in die Sphäre der westlichen Architekten-Heroen.

Später, im Jahr 1980, war es wiederum eine Ausstellung, mit der knapp ein halbes Jahrhundert nach der «International Style»-Ausstellung von 1932 von den Protagonisten der Postmoderne das Ende der Moderne ausgelassen und programma-

11 – *Strada Novissima* in der ersten Architekturbiennale «La Presenza del Passato» in Venedig, 1980.

tisch unbedarft gefeiert wurde. «La Presenza del Passato» («Die Gegenwart der Vergangenheit») war die erste Schau in der Reihe der damals neu gegründeten Architekturbiennale in Venedig. In der zentralen Ausstellungssektion der *Strada Novissima* wurde ein Defilee postmoderner, mit Säulen und Ädikulen bestückter Fassadenkulissen, die im Maßstab 1:1 von Handwerkern der Filmstadt Cinecittà hergestellt worden waren, als begehbares Exempel nachmoderner Urbanität vorgeführt (Abb. 11).

Le Corbusier: «homme de lettres»

Kein anderer Architekt der Moderne hat die hier beschriebenen Medien so kontinuierlich, souverän und kreativ genutzt wie Le Corbusier. Er war Mitherausgeber der Zeitschrift *Ésprit Nouveau*, organisierte Ausstellungen, führte ein konzeptionell ausgerichtetes Büro, dessen Produktion kontinuierlich im Verzeichnis des *Œuvre complète* (8 Bde, 1929–1970) veröffentlicht wurde; nicht zuletzt verfasste er Zeit seines Lebens bedeutende Theoriebeiträge und gestaltete sie als Publikationen. Wenn in dem im Jahr 1939 ausgestellten französischen Personalausweis des Architekten unter der Rubrik Berufszeichnung lapidar «homme de lettres» («Schriftsteller») steht, so kommt darin auf der einen Seite Le Corbusiers eigenes Selbstverständnis zum Ausdruck, auf der anderen Seite handelt es sich schlicht um die Feststellung einer Tatsache. Denn bis zu seinem Tod im Jahr 1965 hat Le Corbusier so viele Bauprojekte verwirklicht wie Bücher geschrieben, jeweils etwa fünfzig an der Zahl. Und man kann sagen, dass die alles in allem durchaus befremdliche Empörung, die das Gesamtwerk Le Corbusiers bis heute hervorruft, nicht auf den mittlerweile kanonischen Bauten, sondern auf den theoretischen Verlautbarungen beruht, wobei sich hier die Vorbehalte wiederum vor allem gegen einzelne hemmungslos fortschrittsgläubige Kahlschlagvorschläge zum Städtebau richten. Zweifelsohne äußert sich Le Corbusier oftmals mit jenem militanten Gestus, den er mit den anderen Gründervätern der «autoritären Moderne» (James C. Scott) teilte und der den politischen Opportunismus keineswegs ausschloss. Aber ein solches Urteil sollte nicht den Experimentiergeist und den Innovationsgehalt, die Vielgestaltigkeit und die großartige eigene Ästhetik des Theoriewerks vergessen lassen. In dessen Entwicklung spannt sich ein weiter Bogen von dem mit der Wucht des Appells formulierten frühen Architekturmanifest *Vers une architecture* (1922/23) bis zur späten, enigmatischen Selbstreflexion *Le Poème de l'angle droit* (1955).

Le Corbusiers Manifest, das 1922 zunächst als Artikelfolge veröffentlicht wurde, besitzt bei allem propagandistischen Impetus zugleich in seiner inhaltlichen Disposition eine bemerkenswerte argumentative Stringenz: Es wird eröffnet mit Leitsätzen zur Architektur (Kap. I); dann folgen systematische Erläuterungen zur Gestaltung von Baukörper, Gebäudehülle, Grundriss und Proportion («volume, surface, plan, tracés regulateurs», II–III) sowie zu den Analogien zwischen Architektur und den technischen Apparaten Ozeandampfer, Flugzeug und Automobil (IV); nach den historischen Begründungen (V) dienen die eigenen Projekte der Serienhäuser («maisons en série») als Modelle des Bauens (VI), aus denen schließlich Normen für eine zukünftige Architektur (VII) abgeleitet werden. Das letzte Kapitel trägt die Überschrift «Architecture ou révolution» – so sollte das ganze Buch ursprünglich heißen – und mit dem dialektisch gewendeten Aufruf endet es: «Architektur oder Revolution. Man kann die Revolution verhindern.» («Architecture ou révolution. On peut éviter la révolution.»). Der Architekt autorisiert sich damit als Demiurg der Gesellschaft, eine Überzeugung, die bis heute zum Standesbewusstsein der meisten Architektinnen und Architekten gehört, die aber außer Acht lässt, dass Gesellschaften viel zu komplex sind, als dass deren Organisation auch nur hauptsächlich durch das Medium der Architektur bewerkstelligt werden könnte.

In *Vers une architecture* ist eine überbordende Fülle von einzelnen Themen angeschlagen, wobei sich ein rational-konstruktives Verständnis von Architektur und eine ästhetisch-spirituelle Sichtweise durchdringen. Das Buch beginnt mit der Bildfolge der Silobauten, doch hat Le Corbusier die Photographien so retuschiert hat, dass die «volumes» der Gebäude völlig ungestört von faktisch durchaus vorhandenen Anbauten hervortreten. Später illustriert eine kleinformatige Bildvignette den Stadtplan von Rom mit den wichtigsten antiken Monumenten, die aber in der Darstellung zu geometrischen Grundformen abstrahiert werden: Kolosseum und Engelsburg zu Zylindern, das Pantheon zur Kugel, die Cestiuspyramide zum Prisma. Die Architektur der Vergangenheit wird auf ihre mathematische Volumetrie zurückgeführt, zugleich verbürgt die Mathematik die Schönheit der Architektur. Von hier aus begründet sich Le Corbusiers berühmte, von einem anderen Autor adaptierte Definition von Architektur als «weises, korrektes und großartiges Spiel der unter dem Licht versammelten Volumen.» («L'architecture est le jeu savant, correct et magnifique des volumes assemblées sous la lumière.»)

Das inhaltliche Zentrum des Manifestes bildet das Plädoyer für die Serienbauweise. Hier kann Le Corbusier auf seine eigenen Experimente mit Typenbauweisen zurückgreifen. Das *Dom-Ino*-Haus (1915) wurde gleich nach Beginn des Ersten Weltkriegs für entsprechende Neubauprogramme entwickelt und sollte einem Wiederaufbau im «Heimatstil» («régionalisme») Einhalt gebieten. Es handelt sich um ein Platten-Stützen-System, das, eben wie beim gleichnamigen Brettspiel, geradezu spielerisch in verschiedenen Anordnungen kombiniert werden kann. Beim *Maison Citrohan* (1921), dessen Name sich von der Automobilmarke ableitet, wird der Gedanke der seriellen Abwicklung von Fassaden und Baukörpern in den Dimensionen der Stadt erprobt. Diese Konstruktionsweisen der Serienbauten werden in suggestiven städtebaulichen Layouts vielfältig variiert und darüber hinaus im Herzstück des Buches mit anderen technischen Erfindungen konfrontiert. Das Argument dieses vierten Kapitels ist nicht die bloße Analogie zwischen Gebäuden und den modernen Transport- und Fortbewegungsmitteln, sondern die gegensätzliche Perspektive: Die Architektur ist selbst ein technisches Produkt, das – wie jede Technik – die Beschleunigung der Lebensverhältnisse abbildet und mit erzeugt. Dabei werden die drei Maschinen mit durchaus differenzierten Kategorien auf den modernen Hausbau bezogen. Während es beim Ozeandampfer (Abb. 12) um ein Form- und Stilvorbild geht (z. B. Dachaufbauten, Reling, Raumeinsparungen bei den Grundrissen, Innenausbau durch Einbaumöbel etc.), zielt die Analogie mit dem Flugzeug auf die Minimierung des Materialaufwandes und die Optimierung der technischen Effizienz; das Auto – hier findet sich der berüchtigte Bildvergleich mit dem Parthenon auf der Athener Akropolis – wird schließlich vor allem unter der Kategorie von Typus und Serie analysiert. Diesem Gedanken liegt auch die anthropologische Typisierung der Nutzer zu-

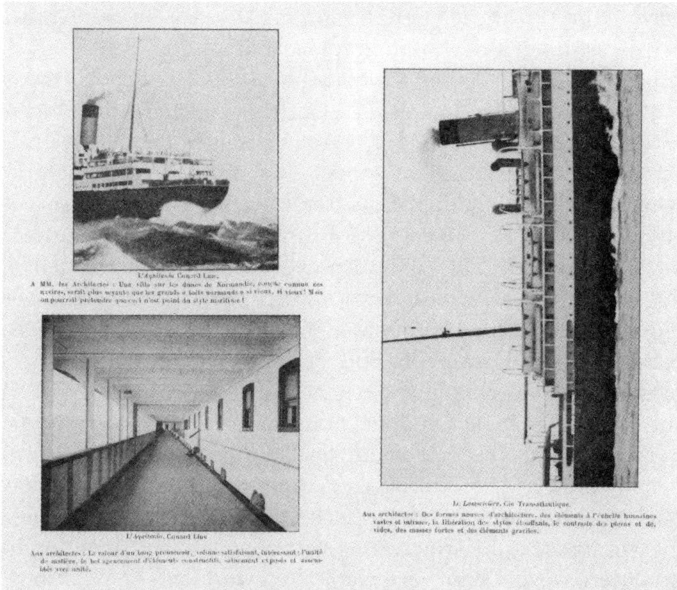

12 – Photographien eines Ozeandampfers. Doppelseite aus: Le Corbusier, *Vers une architecture*, 1923.

grunde: «Alle Menschen haben den gleichen Organismus mit den gleichen Funktionen. Alle Menschen haben die gleichen Bedürfnisse. Der Gesellschaftsvertrag, der sich im Laufe der Jahrhunderte stetig weiterentwickelt, bestimmte Klassen und Funktionen der Menschen, und damit Standardbedürfnisse, die Standardlösungen zeitigen.»

In seiner Gestaltung ist das auflagenstarke Buch von einer geradezu rüden, schockierenden Machart. Aber alles ist, wie mittlerweile rekonstruiert wurde, bis ins Detail genau vom Autor kalkuliert. Im Layout der Seiten kommt es immer wieder zu erheblichen Karambolagen von Text, Photos und Zeichnungen. Die Photographien zeigen oft rabiat ausgeschnittene Gebäudedetails, berühmte Baudenkmäler werden so in forcierten subjektiven Sichtweisen provokativ dem Blick dargeboten, damit aber auch in ihrer historischen Relevanz zur Disposition gestellt. Bei den Belichtungen der Photographien mit starken Schlagschatten, besonders bei der langen Bildstrecke zum Parthenon, ist das Bestreben unverkennbar, dass Le Corbusier gemäß seiner Architekturdefinition das «Spiel der Volumen unter dem Licht» zeigen wollte. Auf zahllosen Doppelseiten werden die Photographien ganz unbekümmert in verschiedenen Leserichtungen angeordnet (Abb. 12). Das ist wohl zunächst einmal als Echo auf die Photoästhetik des Surrealismus dieser Jahre zu verstehen, die auf Irritationen und Absurditäten der Realitätswahrnehmung abzielte. Dabei kann man bei der hier abgebildeten Doppelseite schon aufgrund der Bildregie assoziativ den in die Senkrechte gestellten Dampfer mit einem Gebäude, in diesem Fall ein Hochhaus, in Verbindung bringen. Umgekehrt könnte die Bildanordnung aber auch auf die Benutzersituation in einem Architekturbüro berechnet sein. Man stellt sich vor, dass das Buch aufgeschlagen auf dem Zeichentisch ausliegt, um den sich die Mitarbeiter zur Besprechung versammelt haben, und durchgeblättert wird. Denn *Vers une architecture* ist ein Werkstattbuch, das nicht nur gelesen werden, sondern durch die suggestiven Kombinationen der Bilder überzeugen will. *Vers une architecture* ist als Buch ebenso ein Massenprodukt, wie es die Architektur sein soll, für die es sich ausspricht.

Ganz anders *Le Poème de l'angle droit*. Das Werk nimmt viele schon Jahrzehnte zuvor formulierte Überlegungen auf und ist zugleich Teil des Spätwerks von Le Corbusier. In diese Zeit fallen seine Auseinandersetzung mit den Proportionsstudien des *Modulor*, die Planungen für die Regierungsstadt Chandigarh und die Fertigstellung der Wallfahrtskirche in Ronchamp, die im Erscheinungsjahr des *Poème* eingeweiht wurde. *Das Gedicht vom rechten Winkel* entstand in mehrjähriger Arbeit als eine Folge von Lithographien und Zeichnungen mit begleitenden handschriftlichen poetischen Erläuterungen; zuerst wurde es 1955 als aufwendiger Bildband mit achtzehn ausgearbeiteten und kolorierten Blättern sowie mit vielen dazwischen eingefügten Zeichnungen in kleiner Auflage veröffentlicht. Es ist ein Künstlerbuch, bei dem der Autor seine Kompetenzen als Architekt und seine intensive Betätigung als Maler zusammenführen wollte. Er besteht schon bei der graphischen Wiedergabe des handgeschriebenen Textes und dann mit den Bildern auf dem handwerklichen Gepräge des Buches. Wie schon bei *Vers une architecture* ist das Lesen auch hier ein Anschauen. Aber dies ist hier nun ausschließlicher gemeint, und wenn man den *Poème* durchblättert, mag man sich die kontemplative Versenkung beim Betrachten eines mittelalterlichen Stundenbuches ausmalen.

Dem Werk liegt eine Systematik zugrunde, die in einem Übersichtsschema dargelegt ist. In ihm sind die Einzelbilder an einer Mittelachse angeordnet, von der nach unten sich verkürzende Querarme abzweigen. Le Corbusier hat die Komposition nach dem Vorbild der *Ikonostase* angelegt, jener Schauwand, die in byzantinisch-orthodoxen Kirchen als Schranke zwischen Gemeinde- und Altarraum dient und das göttliche Mysterium den Blicken entzieht. Le Corbusiers Bildkomposition ist, so müssen wir die Bildform verstehen, zwar einerseits ein rationales Systembild, andererseits aber auch ein rätselhaftes Symbolbild, welches das irrationale Geheimnis der Architektur weiterhin bewahrt. Die einzelnen Bildregister erschließen sich von oben nach unten und illustrieren in jeweils anderen Farben die vielfältigen Bedingungen der Architekturschöpfung: A *milieu*/Umwelt umschreibt die physischen Bedingungen und universellen Gesetzmäßigkeiten des Kosmos, den Sonnenlauf, die Festigkeit des Landes und den Wasserhaushalt der Erde; B *ésprit*/Geist markiert den Moment der Erkenntnis der Umwelt und die Einsicht in die Möglichkeit zu deren technischer Gestaltung; C *chair*/Fleisch hat den Kampf des Menschen mit seiner körperlichen Konstitution und die Geschlechterdifferenz zum Thema; D *fusion*/Verschmelzung ist in einem Einzelbild durch ein anthropogenes Mischwesen symbolisiert; E *caractères*/Charaktere markiert die Individualisierung des Menschen und dessen Werden zum Künstler; F *offre*/Gabe und G *outil*/Handwerkszeug stellen den Endpunkt der Entwicklung dar; zwei Einzelbilder zeigen das Symbol der «offenen Hand» sowie die Hand des Architekten – sie zeichnet den «rechten Winkel», der als Symbol für ordnende Kreativität dem Buch den Titel verleiht.

Eine solche knappe Übersicht lässt von der Fülle der Einzelmotive, die in den Bildern steckt, nichts ahnen. Genauer erläutert sei sie nur am Beispiel des Mittelbildes der zweitobersten Reihe, wo auch die ausgesprochenen Baudarstellungen versammelt sind (Abb. 13). Die Lithographie zeigt den in einer Landschaft situierten Querschnitt eines aus Platten gefügten Gebäudesystems, das sich konstruktiv als Variante der von Le Corbusier schon viel früher entwickelten *Maison Dom-Ino* und bautypologisch als Wohnanlage (*unité d'habitation*) darstellt. Angespielt wird mit der offenen Baustruktur darüber hinaus auch auf die ebenfalls schon früher geforderten «Fünf Punkte» beim Typenhaus (*pilotis*/Erdgeschossstützen, *plan libre*/freier Grundriss, *façade libre*/freie Fassadeneinteilung, *fenêtre en longuer*/Bandfenster, *toit-jardin*/Dachgarten). Auf dem Bild ist die Konstruktion wie in einem Koordinatensystem markant in der Umgebung verortet, sie findet in dem vertikalen, kühn aufgerichteten *piloti* einen Fußpunkt im Erdreich und ist zugleich im «rechten Winkel» in der Waagrechten mit der Horizontlinie verspannt. Auf ihr hat Le Corbusier die Figur des *Modulor* postiert, während sein Kompagnon auch im Gebäude selbst Stellung bezogen hat, um dessen Proportionen anzuzeigen. Im Hintergrund der Landschaft zeichnet sich eine Bergsilhouette ab, die in wechselnder Farbe an der Horizontlinie gespiegelt und so mit dem Vordergrund des Bildes verbunden wird. Gleiches geschieht mit dem Himmel. Eine Regenwolke schwebt über dem Gebäude, und ein Teil des Himmels wurde wie eine Banderole von der Eule im Vordergrund gleichsam im Flug mit nach unten genommen. Es ist die Eule der Minerva, die als Symbol der Weisheit in einer Höhle über die harmonische Szenerie zu wachen scheint. Sie verbindet nicht nur durch Berührungspunkte im Bild Landschaft, Gebäude und *Modulor*-Mensch miteinander, sondern steht auch sinnbildhaft für jenen «ésprit», dem das Bild im entsprechenden Register des *Poème* zugeordnet ist.

Im *Poème de l'angle droit* vereinen sich – wie im Denken Le Corbusiers insgesamt – Konstruktives und Symbolisches, Rationales und Spirituelles, aber auch Archaisches und Ironisches. All diese Oppositionen werden allerdings nicht gegeneinander aus-

13 – *Unité d'habitation.* Le Corbusier, *Le Poème de l'angle droit*, 1955.

gespielt und damit bereinigt, sondern in andauernden Metamorphosen weitergesponnen. In dieser Form der künstlerischen Reflexion zeigt sich eine bemerkenswerte Nähe zwischen dem Architekten Le Corbusier und seinem Zeitgenossen, dem Maler Pablo Picasso. Der Metaphernkosmos des *Poème* wirft für die Architekturtheorie mindestens zwei grundsätzliche Fragen auf, die sowohl das Medium als auch die Inhalte betreffen. In medialer Hinsicht erweitert das Werk beispielhaft die Mitteilungsformen von Theorie in der Form einer bildlich-symbolischen Visualisierung. Diese bietet einen immensen Reichtum gedanklicher Verknüpfungen unterschiedlicher Aspekte, die, sollen sie sich nicht in einem Privatsymbolismus erschöpfen, allerdings nur so lange wirklich als argumentative Aussagen verständlich werden können, wie sie immer wieder an bereits zuvor schon systematisch ausgearbeitete theoretische Konzepte anschließen. Dies lässt sich als Feststellung für die Architekturtheorie insgesamt verallgemeinern – denn auch hier gilt: Ein Bild sagt keineswegs mehr als tausend Worte!

Inhaltlich leistet der *Poème* eine ebenso spekulative wie wagemutige Verknüpfung von «Mensch», Architektur und Umwelt. Er stellt sich damit als eine Pionierleistung in einem theoretischen Kontext dar, der wenige Jahre nach der Publikation des Werkes voll und ganz als Konzept des Strukturalismus und der Architekturanthropologie entfaltet wurde. Hier ging es, um es mit den wichtigsten systematischen Begriffen schon vorweg zu nehmen, um die umfassende Einbindung der Architektur in die Kontexte von Körper (Korporalität), Mitmensch (Sozietät) und Umwelten (Kulturalität).

Geschichtsräume und Lebenswelt in der Nachkriegszeit

Theoriegeschichtlich stellt sich die Lage in den Jahren nach dem Zweiten Weltkrieg als verworren dar. Der Geschichtsbruch, wie er nach 1945 mit der Etablierung mehrerer europäischer Diktaturen, dem Zweiten Weltkrieg und dem Holocaust unübersehbar geworden war, betraf auch die Architektur. Doch wurde, wie in anderen Politik- und Kulturbereichen, die direkte und ausführlichere Auseinandersetzung mit diesem Tatbestand nicht geführt. Wenn überhaupt, so fand die Diskussion verhalten und erst mit einer Verspätung von etwa einem Jahrzehnt gegen Ende der 1950er Jahre statt. Die Gründe dafür liegen auf recht unterschiedlichen Ebenen. Zunächst einmal sind ganz einfach sowohl beim Personal der Architektenschaft als auch bei den Architekturstilen und Bauformen erhebliche Kontinuitäten zu verzeichnen. Dem ist unter anderem geschuldet, dass auch der vielerorts notwendige Wiederaufbau alles in allem pragmatisch angegangen wurde. Sodann war die Programmatik des Bauens in den Diktaturen zwar in tagespolitischen Verlautbarungen von Bauherren und Architekten formuliert worden, aber eine wie auch immer geartete systematisch ausgearbeitete Architekturtheorie des «Totalitarismus», die zu umfassendem Widerspruch hätte herausfordern können, hatte es nicht gegeben. Ohnedies wurden unmittelbar nach dem Krieg die Theoriediskussionen in der Hauptsache in Westeuropa geführt, während sich in den Nachfolgestaaten der autoritären Regime, also in der Bundesrepublik, Italien, Spanien oder der Sowjetunion, bestenfalls Einzelstimmen zu Wort meldeten. Zudem wurde durch die Baupolitik der ehemaligen Diktaturen, hier wiederum insbesondere des nationalsozialistischen Deutschland, offensichtlich keine theoretische Grundsatzkritik am Architekturbegriff selbst provoziert, wie sie zumindest aus späterer Sicht nahegelegen hätte. Seinerzeit wurde in der internationalen Nachkriegsdiskussion die Monumentalarchitektur als kurzfristiger Irrweg *ad acta* gelegt, da man sich auf die Kontinuität des – in den Diktaturen ohnedies geächteten – Internationalen Stils berufen konnte. Ebenso wenig war man bereit, über die Konzentrationslager als Architektur nachzudenken. Symptomatisch für das unerschütterliche Selbstbewusstsein der Modernevertreter mag der Verlauf des 1948 im New Yorker *Museum of Modern Art* abgehaltenen Kongresses «What is happening to Modern Architecture?» sein. Als dort unter anderem der Vorschlag gemacht wurde, über die Idee einer «human architecture» nachzudenken, wurde die Diskussion von den Modernisten mit dem Argument abgeblockt, man wünsche nicht die Wiederkehr des Ornaments und die Rückkehr zum Romantizismus.

Bedarf für ein Innehalten nach dem Geschichtsbruch hätte es auch bei den Architekten genug gegeben. Denn sowohl die Monumentalarchitektur in den europäischen Diktaturen als auch der Bau von Konzentrationslagern, die in vielen Ländern Europas unter der Herrschaft des nationalsozialistischen Deutschland errichtet worden waren, wären als Phänomene der Moderne uneingeschränkt ernst zu nehmen gewesen, waren doch auf beiden Feldern mit architektonischen Mitteln neue Raumordnungen geschaffen worden, die angemessen nur als «modern» beschrieben werden können. Die Kategorie des «Raumes» war, wie erörtert, in der Moderne nicht nur im Architekturverständnis ins Zentrum gerückt, sondern dies galt auch für die Ideologie der geopolitisch legitimierten Expansion («Lebensraum»). Beruhte der Monumentalbau konzeptionell auf der Absicht der Einschüchterung, der Propagierung imperialer Größe und dem Willen, das eigene «Volk» mit baulichen Mitteln als «Gemeinschaft» zu repräsentieren, so folgte der Lagerbau einer destruktiven Logik der Negation sämtlicher Kategorien der Architektur. Letztere Einsicht ermöglicht schon Eugen Kogon in seiner frühen Dokumentation *Der SS-Staat. Das System der deutschen Konzentrationslager* (1946). So war der Raum-Begriff auf der einen Seite politisch und architekturtheoretisch sowie auf der anderen Seite durch die gebaute Repressions- und Vernichtungsarchitektur restlos diskreditiert.

Die Diskussion über diese grundsätzlichen Aporien setzte aus den genannten Gründen verspätet ein und wurde dann architekturtheoretisch nicht mehr rückblickend auf den Geschichtsbruch der jüngsten Vergangenheit geführt, sondern in erster Linie «immanentistisch», das heißt als Auseinandersetzung mit den Vertretern und dem Programm der Architekturmoderne. Dies geschah nach dem Muster der frühen Künstler-*Secessionen* in geradezu klassischer Weise als Protestbewegung einer jüngeren Architektengeneration innerhalb der mächtigen *CIAM*-Bewegung. Dabei konnte man für die Artikulation der eigenen Position auf die bewährten Mittel der Durchsetzung, wie einzelne Programmbauten, Kongresse und Publikationen, zurückgreifen. Es gelang, die Konzepte von Strukturalismus und Architekturanthropologie fast im Handstreich auf die Agenda der Architekturtheorie zu setzen.

Institutionell und inhaltlich kommt dabei dem 1959 im niederländischen Otterlo veranstalteten Architekturkongress ein eminenter Stellenwert zu. Die Tagung ist dokumentiert in einem Band, der 1961 zugleich die renommierte, ganz der Gegenwartsarchitektur gewidmete Reihe der *Dokumente der Modernen Architektur* eröffnet. Der Kongress war von einer Gruppe von Architekten organsiert worden, die sich 1953 gebildet hatte und deren Namen *Team X* sich daraus ableitete, dass sie damit beauftragt war, den 10. *CIAM*-Kongress zu organisieren. Wie sich zeigen sollte, wurde mit dem Otterlo-Kongress dann auch die *CIAM*-Bewegung zu Grabe getragen. Das *Team X*, das formal bis 1981 existierte, war weiterhin eine europäisch zentrierte Gruppe, doch eine Ausweitung des Horizonts machte sich unter der immer noch fast ausschließlich männlichen Teilnehmerschaft (als Architektin wird nur Alison Smithson namentlich genannt) bemerkbar, vor allem war sie jedoch in der Sache unverkennbar. Nach der «internationalen» Architektur, verstanden als ein von Europa und den USA ausgehender weltweiter Ideen- und Güterexport, kündigte sich die Idee einer «globalen» Architektur an, im Rahmen derer die weltweite Vernetzung der Architekturproduktion zwischen verschiedenen Zentren und Peripherien sowie der Kulturrelativismus mitbedacht wurden.

Der Kongressband *Working Congress Otterlo 1959*, eines der zentralen Dokumente der Architekturtheorie der Nachkriegszeit, besteht fast ausschließlich aus umfangreich illustrierten Präsentationen von Bauprojekten mit den Erläuterungen der jeweiligen Planverfasser und den Protokollen der Diskussionen. So beruht die Bedeutung des Buches gerade nicht auf der inneren Systematik der dort niedergelegten Theorie, sondern umso markanter in der Vielstimmigkeit der oftmals kontrovers debattierten Stellungnahmen und in der Grundsätzlichkeit der programmatischen Anliegen. Protest gegen die Axiomatik der Moderne und Emphase des Aufbruchs sprechen aus jeder Zeile. Dabei kann man die Programmatik, um die es in Otterlo ging, wohl am besten von der Revision des Raum-Begriffs her verstehen. Verworfen wurde der Begriff des absoluten oder universellen Raums, wie er in der Theoriebildung der Moderne postuliert worden war. Man hat ihm als Alternative einen Raumbegriff gegenübergestellt, dem ebenso komplexe wie konkrete Relationierungen zugrunde liegen:

1. «Lebenswelt» und «Habitat»: das Verhältnis zwischen Architektur und menschlichem Verhalten sowie sinnlich-kognitiver Wahrnehmung;
2. Geschichtsraum: das Verhältnis zwischen Architektur und Geschichte;
3. Ökologischer Raum: das Verhältnis zwischen Architektur und Umwelt bzw. Natur.

Die Auseinandersetzung mit diesen verschiedenen Dimensionen des Räumlichen beruhte nicht nur auf der kritischen Distanz zur Moderne, sondern in ihr spiegeln sich, wie nicht anders zur erwarten, vielfältige intellektuelle Anregungen der damaligen Jahre, die sich unter dem allgemeinen Theoriekonzept des Strukturalismus fassen lassen. Ökologie wurde seinerzeit noch nicht innerhalb eines Bedrohungsszenarios, das als Faktum erst einige Jahre später (u. a. die Arbeit des *Club of Rome* ab 1968; dessen Bericht *Limits to Growth*, 1972) ins allgemeine Bewusstsein drang, diskutiert, sondern noch im Zusammenhang mit dem Bauen in unterschiedlichen Klimazonen der Erde. Geschichtsbezüge wurden unter anderem in der Diskussion über das vom Büro BBPSR (Ernesto Rogers u. a.) geplante und eben erst in Mailand fertiggestellte Wohn- und Bürohochhaus der *Torre Velasca* kontrovers verhandelt. Hier ging es weit über die Berechtigung zur Neuformulierung historischer Bautypologien und Formelemente hinaus um die Rolle der Architektur als einem monumentalen Zeichen für urbane «Identität» und den Rekurs auf die Stadtgeschichte. Dabei lassen sich deutliche Parallelen zur gleichzeitigen Mentalitäts- und Strukturgeschichte in der allgemeinen Historiographie ausmachen (bes. die Schule der frz. *Annales*). Ins Zentrum rückten die Überlegungen zu «Lebenswelt» und «Habitat»: Der ebenso strikte wie abstrakte, auf die modernistische «box» bezogene Nutzungs- und Funktionsbegriff wurde zugunsten einer Idee der Partizipation verworfen. Diese neue Form der Teilnahme am Raum umfasst idealiter die Summe psycho-physischer Eindrücke sowie ein Bewusstsein für die Interaktionen zwischen Raumgegebenheiten und Benutzer. Der niederländische Architekt Aldo van Eyck, einer der theoretischen Vordenker innerhalb des *Team X*, kam darauf in Otterlo im Rahmen der Erläuterungen seines Kinderwaisenhauses in Amsterdam zu sprechen:

«Architektur ist das ständige Wiederentdecken konstanter menschlicher Verhältnisse («constant human proportions») und deren Übertragung in den Raum. Der Mensch ist im Wesentlichen immer und überall derselbe. Er hat dieselbe mentale Ausstattung, nur gebrauchte er sie je nach seinen kulturellen und sozialen Voraussetzungen und den spezifischen Lebensformen («particular life pattern»), deren Teil er jeweils ist. Die moderne Architektur hat fortwährend auf dem insistiert, was unsere Zeit unterscheidet, und zwar so sehr, dass sie die Verbindung verloren hat zu dem, was nicht verschieden, sondern im Wesentlichen immer gleich ist.»

Das strukturalistische Denken, das sich hier zeigt, bedeutete zumindest seinerzeit genau das, was sich schon im Namen des Theoriekonzeptes mitteilt: Gefragt wird nach basalen, anthropologisch konstanten Strukturen, innerhalb derer wir uns in der lebensweltlichen Praxis artikulieren und die wir individuell in unseren «Lebenswelten» gleichsam «füllen». Methodische Grundlegungen kamen aus jungen Disziplinen wie der Ethnologie mit Studien zu Verwandtschaftsbeziehungen sowie aus der Linguistik mit ihrem neuen System der Transformationsgrammatik. Die Referenzwerke von Ruth Benedict (*Patterns of Culture*, 1934), Claude Lévi-Strauss (*Les structures élémentaires de la parenté*, 1949) und Noam Chomsky (*Syntactic Structures*, 1957) verkünden schon in den jeweiligen Titeln das theoretische Anliegen. Ganz im Sinne dieser Grundüberlegungen stellte Herman Hertzberger, ein niederländischer Architektenkollege von van Eyck und neben diesem der wichtigste Theoretiker des Architekturstrukturalismus, in einem Beitrag für die Zeitschrift *Forum* 1962 «individual living patterns» und «collective patterns» gegenüber: «Anstelle der kollektiven Interpretation von individuellen Lebensweisen müssen Prototypen gesucht werden, bei denen individuelle Interpretationen der kollektiven Struktur möglich sind. Das heißt, wir müssen Häuser auf eine besondere

Weise gleich machen, nämlich so, dass jedermann seine eigene Interpretation innerhalb der kollektiven Struktur verwirklichen kann.»

Sowohl bei Hertzberger als auch bei Aldo van Eyck konkretisiert sich die Herstellung von «Lebenswelten» nicht nur in begrifflichen Begründungen, sondern auch in Projekten, bei denen es sich immer wieder um Bauaufgaben des Wohlfahrtsstaates der Nachkriegszeit handelt. Van Eyck hatte gleich nach dem Zweiten Weltkrieg noch in Eigenregie zahllose Kinderspielplätze in den städtischen Brachflächen von Amsterdam geschaffen; sein dortiges Frauenhaus gehört zu den ersten baulichen Realisierungen dieser damals neuen Institution. Das Kinderwaisenhaus ist als eine in die Fläche ausgebreitete Baugruppe aus standardisierten Moduleinheiten angelegt; der Charakter der Gesamtinstitution teilt sich in der Zentralisierung der Anordnung um einen großen Innenhof und einen straßenseitigen Verwaltungstrakt mit, gleichzeitig soll es die dezentralisierte Verteilung von Hofeinheiten erlauben, dass sich die Kinder in überschaubaren, eigenen Gebäudetrakten zu kleineren Familiengruppen zusammenfinden. Van Eyck verwies bei seinem *pattern* auf eine doppelte Dialektik – diejenige von Individuum und Kollektiv sowie diejenige von einem reich gegliederten Haus und einer kleinen Stadt. Hinzu kommt bei dieser auch auf den zweiten Blick ausgesprochen zeitgenössisch konzipierten Anlage ein Verweis auf die Inspiration durch außereuropäische indigene Bauweisen, hier sind es die Lehmdörfer des westafrikanischen Stammes der Dogon in Mali, mit ihrer äußerst reichen Verschränkung von Innen-, Binnen- und Freiräumen.

Van Eyck hat ein solches *pattern* einer traditionalen Stadt, einem mittelamerikanischen Pueblo, auch im Programmbild der sogenannten Otterlo-Kreise platziert (Abb. 14). Hier erscheint es links zusammen mit dem Grundriss des Parthenon und der Axonometrie eines avantgardistischen *De Stijl*-Hauses. Synkretistisch werden die Geschichtsräume und -zeiten der Antike, des Vernakulären und der Moderne überspannt. Diesmal wird eine Dialektik in bildlicher Form formuliert: Die architektonischen Setzungen, welche «von uns» («BY US») vorgenommen und

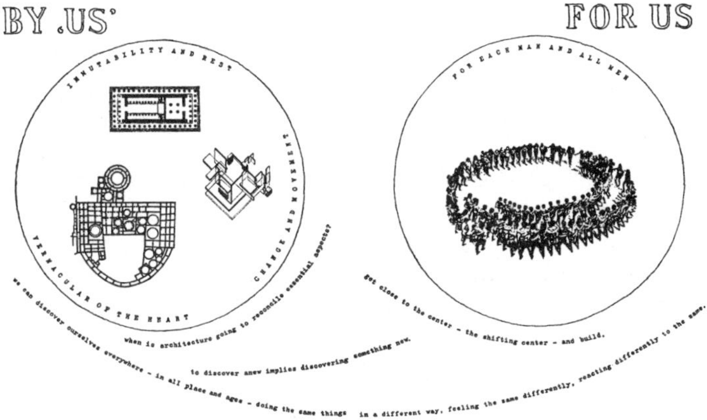

14 – Aldo van Eyck, die «Otterlo-Kreise». Graphik, 1959.

verantwortet werden, sollen der notwendigen Bedürfniserfüllung «für uns» («FOR US») in der Wirklichkeit sozialer Beziehungen eingelöst werden. In diesem zweiten Kreis hat eine Menschengruppe, die sich in der Form einer Spirale vom Einzelnen zur Masse verdichtet, Aufstellung bezogen. So kommen in dem Schaubild einander komplementär ergänzende Konzeptionen von «Raum und Zeit» (*space/time*) sowie von «Ort und Augenblick» (*place/occasion*) zur Darstellung, wie sie Aldo van Eyck in anderem Zusammenhang (Zs. *Forum* 1960) folgendermaßen erläutert:

«Was «Raum» und «Zeit» als abstrakte Begriffe auch immer bedeuten, Ort und Ereignis bedeuten mehr. Denn der Raum im Bild des Menschen bedeutet Ort, während Zeit im Bilde des Menschen Ereignis bedeutet. «Raum» bietet keinen Platz und «Zeit» keinen Augenblick. Der Mensch bleibt ausgeschlossen – außen. Um ihn einzubeziehen, soll er in die Bedeutung von beiden Begriffen einbezogen werden. Mache von jeder Türe und von jedem Fenster einen Ort – mache zudem eine Anzahl Orte aus jedem Haus und jeder Stadt.»

Der Architekturstrukturalismus ab den späten 1950er Jahren hat eine bemerkenswerte Kontinuität in der Entwurfsmethodik bis in die Gegenwart bewahrt; seither hat sich das Feld nicht nur in der Architektur selbst, sondern auch in der Theorie erweitert. Der modernistische Glaube an die Evolution wurde von einem Denken in Diskontinuitäten abgelöst, während auch das Vokabular wieder vielfältiger geworden ist. Dass bestimmte, seinerzeit in die Aufmerksamkeit gerückte Begriffskonzepte wie «Identität» mittlerweile ihrerseits in Orthodoxie zu erstarren drohen und unter den aktuellen gewandelten gesellschaftlichen Verhältnissen, wo politische Konflikte als «Identitätskriege» («identity wars») ausgefochten werden, völlig fragwürdig geworden sind, steht auf einem anderen Blatt. Die Theorieangebote, die unter dem Signet der Postmoderne gemacht wurden, entstanden nicht nur in der Hochphase des Strukturalismus um die Mitte der 1960er Jahre und führen in vielerlei Hinsicht dessen Impulse fort. Sie haben sie im Hinblick auf ein Verständnis von Architektur als «Kommunikation» merklich radikalisiert.

VII. Postmoderne und gebaute Umwelt in der Gegenwart

Die Versprechen der Kommunikation und das Ende der «großen Erzählungen»

Zusammen mit den Bauten der Postmoderne ist auch deren Theorie, ganz im Unterschied zum Strukturalismus, weitgehend eine Angelegenheit eingeschworener Kreise von Fans geworden. Dies ist bedauerlich, denn dadurch wurden produktive Einsichten postmoderner Theorie sowohl in ihren historischen Bedingungen als auch in ihrer weiterhin aktuellen Relevanz marginalisiert. Die Postmoderne war als Denkfigur einerseits eine explizite Problemdiagnose der Moderne und andererseits eine umso nachdrücklichere Einschreibung der Architekturtheorie in die Gegebenheiten des Zeitalters der Massenmedien.

Die Postmoderne bezeichnet auch in der Architektur das «Ende der Zuversicht» (Wolfgang Pehnt). Der bereits oben im Zusammenhang mit der Etablierung der Moderne erörterte Glaube an die lineare Parallelentwicklung von technisch-industrieller und gesellschaftlicher Modernisierung wurde durch Krisen auf unterschiedlichsten Ebenen in seinem faktischen und normativen Gehalt erheblich in Frage gestellt und buchstäblich in seine Einzelteile zerlegt: die Erwerbsgesellschaft durch Arbeitslosigkeit, der Wohlfahrtsstaat durch Staatsverschuldung, Technisierung und Industrialisierung durch ökonomische Wachstumsstopps sowie manifeste ökologische Gefährdungen, Internationalität durch die politische Fragmentierung der Weltpolitik im Kalten Krieg. Kulturell standen mit dem Zweifel an einer auf Modernisierung angelegten Geschichtsidee im Postmodernediskurs insbesondere die Prinzipien autoritativer Originalität und kreativer Innovation zur Disposition. Hier münden in den 1960er und 1970er Jahren Entwicklungen ein, die von dem französischen Philosophen Jean-François Lyotard in einem historisch weiter ausholenden geschichtsphilosophischen Entwurf als Ende der «großen Erzählungen» («grands récits») beschrieben wurden (*La condition postmoderne. Rapport sur le savoir*, 1979). Gegen «große Erzählungen» (Aufklärung, Historismus, Modernisierung etc.) macht sich Skepsis breit, sie verbürgen in der Postmoderne weder allgemeinverbindliche Legitimation noch utopische Zielorientierung.

Freilich, so lässt sich anmerken, wurde in diesen Jahrzehnten und bis heute mehr als je zuvor «erzählt», zwar nicht mehr als kontinuierlicher «Diskurs», aber umso mehr als schrankenlose «Kommunikation». Den traditionellen Printmedien traten elektronische Massenmedien, die sich in Windeseile verbreiteten, zur Seite (zunächst Radio, Fernsehen, Telefon; ab etwa 1970 mit dem kommerziellen Internet entsprechende digitalisierte Medien). Es ist bewundernswert, wie die medialen Neuerungen unverzüglich reflektiert wurden. Der Medientheoretiker Marshall McLuhan hat die den menschlichen Körper extendierende, technische Materialität von Medien und ihre Gebrauchsordnungen in der Triade von Sender-Medium-Empfänger ins Zentrum gerückt (*Understanding Media. The Extensions of Man*, 1964). Der Schriftsteller und Essayist John Berger hat in einer populären *BBC*-Fernsehsendung über die Eigenbedingungen des Massenmediums und über Bildkonsum im Reproduktionszeitalter nachgedacht; hatte er schon das klassische Ölgemälde als bloßes Medium von Vermögenswerten entzaubert, so sah er dessen zeitgenössischen Nachfolger im Werbebild (*Ways of Seeing*, 1972). Gleichzeitig etablierte sich der Kommunikationsbegriff als eine der erfolgreichsten theoretischen Erfindungen des 20. Jahrhunderts. In ihm haben nicht nur die technisierte, verwaltete und geplante Welt, sondern auch die Kultur und die Künste ihren Grundbegriff gefunden. Als Kommunikation zählte vor allem die gelungene Kommunikation, und so könnte es sogar sein, dass mit ihr eine neue «große Erzählung» nachgerückt ist.

Die Auswirkungen der Medien- und Kommunikationstheorie auf die Künste und die Architektur waren erheblich. Auch hier wurde das Fortschrittsziel zu Gunsten eines skeptischen, pluralistischen oder bisweilen chaotischen Weltverständnisses aufgegeben. Der Wahrheitsbegriff wurde durch den Begriff der «Erzählung», nun verstanden im Sinne der Erzeugung einer medialen Fiktion, aufgekündigt. Die Idee von Innovationen trat gegenüber der Kombination des Vorhandenen zurück. Schließlich wurde die Vorstellung vom Autor oder Rezipienten als einem autonom agierenden Subjekt einigermaßen rigoros in Zweifel gezogen. Umberto Eco hat schon früh das Konzept des «offenen Kunstwerks» (*L'opera aperta*, 1962) erläutert, dessen Sinn nicht *a priori* vom Autor festgelegt, sondern vom Rezipienten miterzeugt wird. Roland Barthes sprach, im gleichnamigen Aufsatz, vom «Tod des Autors» (*«La mort de l'auteur»*, 1967), wo die «Lektüre» als «wahrer Ort der Schrift» erscheint.

Für die Architekturtheorie mussten sowohl die hier skizzierten krisenhaften politisch-gesellschaftlichen Entwicklungen als auch die Impulse der allgemeinen Medientheorie fast notwendigerweise eine Neuausrichtung nach sich ziehen. Konkrete Anknüpfungspunkte boten, sozusagen unter dem Dach der Kommunikation, insbesondere die Konzepte einer die materielle Beschaffenheit, hier nun das Gebäude, einbeziehenden Medialität sowie die Lizenz zum Rekurs auf Geschichte als einem Reservoir von formalen Zeichen und Symbolen.

An diesem Punkt setzte der italienische Architekt Aldo Rossi mit seiner Ausarbeitung des Typus-Begriffs an. Rossi will in *L'architettura della città* (1966) die Stadt wieder der Verantwortung der Architekten übereignen. Da sich für zahlreiche historische Bauten immer wieder Umnutzungen dokumentieren ließen, versteht er unter einem architektonischen Typus nicht mehr eine spezifischen Nutzungsfunktionen vorbehaltene bauliche Disposition (Rundbau, Basilika, Saalbau, Turm, Forum etc.), sondern einen Formtypus. Dieser kann sich wandelnde pragmatische Nutzungen aufnehmen, übernimmt aber als dauerhaftes typologisches Zeichen zugleich eine die Gesellschaft (konkret gemeint sind Städte und Institutionen) stabilisierende Funktion. Ein Hintergrund für Rossi ist die damalige soziologische Stadtkritik (Jane Jacobs, *The Death and Life of Great Amercian Cities*, 1961; Alexander Mitscherlich, *Die Unwirtlichkeit unserer Städte*, 1965), konkret bezieht er sich auf die Theorie des «kollektiven Gedächtnisses» (Maurice Halbwachs). Der Typus erscheint in der Architektursemiotik Rossis als eine elementare Form, die als solche in Erinnerungsgemeinschaften gespeichert und in der Gegenwart jeweils wieder neu restituiert werden kann.

Rossis suggestives Denken zog die Architektenschaft unverzüglich in den Bann, da er sie in den Zeiten von «Bauwirtschaftsfunktionalismus» (Heinrich Klotz) und Stadtplanungssoziologie vom Tagesgeschäft entlastete, indem er sie wieder an die überzeitlichen Dimensionen des Bauens erinnerte. Der Preis, der dafür zu entrichten war, bestand in der Tendenz zur Verbildlichung der Architektur in der Zeichentheorie und im Gebauten selbst. In Rossis Projekten ist die Architektur nicht mehr auf die Dauerhaftigkeit ihrer selbst (*firmitas*), sondern auf die Permanenz des Bildes gestellt. Für die Erste Architekturbiennale 1980 in Venedig (siehe auch Abb. 11) schuf er zwei ephemere Bauten, als Ausstellungseingang einen Stadtmauerabschnitt mit abstrahierten Strebepfeilern und drei die Gebäudesilhouette festlich betonenden Turmaufsätzen sowie den *Teatro del mondo*, der als ein äußerlich hermetisch verschlossener Turm mit Faltdach auf einem Lastkahn am Eingang des *Canal Grande* vertäut wurde. Beide Bauten sind mit weiteren teils imaginären, teils existierenden Gebäuden in einem Architekturcapriccio zusammengeführt (Abb. 15). In der Collage wird das Bild von einer Stadt entworfen, in der die Gebäude wie Mahnmale der Vergangenheit so eng zusammengerückt sind, dass die Stadt unbewohnbar geworden ist.

Der amerikanische Architekt Robert Venturi ging wie Rossi von ähnlichen Fragen der Architektursemiotik aus, kam aber zu geradezu gegensätzlichen Antworten. Sein Credo ist nicht «Gedächtnis», sondern «Erzählung». Das offene und gelassene intellektuelle Temperament, das aus Venturis Büchern spricht, ermöglichte es ihm umstandslos, Geschichte und Popkultur miteinander zu vereinbaren. Es ist nicht unerheblich, dass er sich sein postmodernes Manifest *Complexity and Contradiction in Architecture* (1966) während eines längeren Aufenthalts in Rom erarbeitete. Als Manifest nimmt es die modernistische Herausforderung von Le Corbusiers *Vers une architecture* (1923) an, wobei es dem berühmten Vorgänger postmodernistisch auch in der Disposition des Buches nachgebaut ist – doch die Inhalte sind geboren aus Widerspruchsgeist. Venturis Grundfeststellung ist ein Entweder-Oder: Man kann modern-funktional widerspruchsfrei entwerfen, dann wird es langweilig, oder man kann postmodern-kommunikativ unterhaltsam bauen, doch dann sind Widersprüche unvermeidlich. Mies van der Rohes Formel «Weniger ist mehr» («Less is more») wird von Venturi zu «Weniger ist langweilig» («Less is bore») umgemünzt. Venturis «sanftes Manifest für eine Architektur, die nicht geradeaus geht» («Nonstraightforward Architecture: A Gentle Manifesto») beginnt gutgelaunt mit dem folgenden Bekenntnis:

> «Ich freue mich über Vielfalt und Widerspruch («complexity and contradiction») in der Architektur, die vom Reichtum und der Vieldeutigkeit moderner Lebenserfahrung ausgeht. (...) Ich begrüße die Probleme und werde die Verunsicherungen ausnutzen. Weil ich das Widersprüch-

15 – Aldo Rossi, Architekturcapriccio mit dem *Teatro del mondo* und dem Eingangspavillon der Ersten Architekturbiennale 1980 in Venedig. Mailand, Studio Aldo Rossi.

liche dabei ebenso akzeptiere wie das Komplexe, liegt mir die Lebendigkeit der Architektur («vitality») genauso am Herzen wie ihre Gültigkeit («validity»). (…) Ich ziehe den Reichtum an Bedeutungen der Klarheit von Bedeutungen vor.»

«Vitalität» begründet sich für Venturi aus den narrativen Qualitäten von Architektur. Das 1962 in Philadelphia fertiggestellte Wohnhaus für seine Mutter, in *Complexity and Contradiction* ausführlich erläutert und hier in einer Comic-Zeichnung abgebildet (Abb. 16), zeigt die formalen Erzählstrategien beispielhaft. Es handelt sich um einen Vorfahren des «dekorierten Schuppens» («decorated shed»), der sich im Unterschied zur funktionalistischen «Ente» («duck») durch ein appliziertes Zeichenrepertoire kommunikativ bemerkbar macht. Dazu bedarf es der selbstreferenziellen resoluten Behauptung, und so verkündet die Sprechblase aus dem Kamin: «Ich bin ein Haus». Wir hätten es auch so geahnt, denn das Wohnhaus ist tatsächlich kein modernistisches «Gebäude» mehr, sondern eben wieder ein «Haus» mit Satteldach, einer mit einer dekorativ aufgesetzten Arkade betonten Eingangsloggia in der Fassadenmitte und reich über alle Fassaden verstreuten Öffnungen. Allerdings sind «Widersprüche» im Formrepertoire vorsätzlich eingeplant. Die geschlossene Großform und der kleinteilige Motivapparat erzeugen unterschiedliche Proportionsverhältnisse: «it is a little house with a big scale.» Der Giebel ist im Kraftzentrum des Firstes aufgeschlitzt und die Vorderfassade insgesamt als modernistische Hülle («parapet») ausgebildet. Die Haustür ist in der Eingangsloggia nicht mittig gesetzt, sondern seitlich; die Fenster sind in völliger Asymmetrie in diversen Formaten und Gruppierungen (Einzelmodul, Bandfenster, Glaswand) angeordnet.

Im weitaus berühmteren Buch *Learning From Las Vegas* (1972), das Venturi zusammen mit seiner Ehefrau, der Architektin Denise Scott Brown, und dem Bürokollegen Steven Izenour verfasst hat, wird die Auseinandersetzung mit der Architektursemiotik auf der Ebene der Stadt weitergeführt. Es handelt sich um einen Städteatlas über die aus der Wüste Nevadas gestampfte Vergnügungsretorte, der auf ausgedehnten Photo- und Filmkampagnen erarbeitetet wurde. Teil I bietet eine datenbasierte Autopsie von Las Vegas, Teil II generelle Plädoyers für die Ästhetik der Postmoderne, die nun unbeirrbarer als in Venturis erstem Buch vorgetragen werden. *Learning From Las Vegas* ist eine prinzipielle Kritik am formalistischen Funktionalismus der Moderne, der mit der symbolisch-kommunikativen Dimension von Architektur konterkariert werden soll; so teilt es der Untertitel der Zweitauflage (1977) explizit mit: «The forgotten symbolism of architectural form». Konstatiert wird, dass die Moderne nur Formalismus, aber keine Form hervorgebracht habe; sie habe gestalterische Expression gefordert, aber das Ornament ignoriert; sie habe den Raum verherrlicht («space is god»), aber Symbole verweigert. Demgegenüber verstehen die Autoren die Stadt als räumlich organisiertes Kommunikationssystem, wobei sie mit den Botschaften der Zeichenflut auch deren grenzenlosen Eklektizismus, deren plakative Frivolität und deren verwirrende Konfusionen akzeptieren. Durch die Gestaltungsmittel im Buch selbst wird dies raffiniert unterstrichen. Indem der Städte-

16 – Robert Venturi, Zeichnung vom Wohnhaus Vanna Venturi in Chestnut Hill, Philadelphia, 1962.

atlas aus zahlreichen Einzelabschnitten mit einer Fülle von Illustrationen zusammen montiert ist, hinterlässt er einen ebenso vielfältigen und heterogenen Eindruck wie die Stadt, von der in dem Buch die Rede ist. Gebäude und Gebäudefolgen sind in der Form von graphischen Piktogrammen wiedergegeben, in denen die Gebäudevolumina auf Flächenumrisse reduziert sind. Ebenso kommt es bei den Photos, die aus dem fahrenden Auto aufgenommen wurden, zu dem Effekt, dass die Gebäude von Las Vegas hinter den Werbetafeln verschwinden. In der Wahrnehmung des Vorbeifahrens erscheinen die Hotelkomplexe nur noch als zweidimensionale Schemen. Man wird hier unverzüglich an Bildstrategien der zeitgenössischen Pop Art erinnert. Denn auch hier gewinnt, etwa in den frühen Gemälden von David Hockney, das Malen an der zweidimensionalen Oberfläche gegenüber der Raumperspektive die Oberhand; vereinnahmt werden, so bei Roy Lichtenstein, populäre Medien wie Comics und Werbung; «high» und «low» geraten durcheinander.

In der Architekturtheorie der Postmoderne geht die Architektur eine Allianz mit der Medien- und Kommunikationstheorie ein. Nachdem bereits in der Klassischen Moderne entscheidende Impulse für die Idee der Autonomie von Architektur von den Bildenden Künsten (Kubismus, Abstraktion, Purismus) ausgegangen waren, liegt hierin der entscheidende Beitrag der Postmoderne zur zeitgemäßen Aktualisierung der Architekturtheorie. Freilich zeichneten sich auch die Aporien dieser Theorie bald umso deutlicher ab. Das Bündnis der Architektur mit den Medien lief Gefahr, ein Pakt mit dem Teufel zu werden. *Learning From Las Vegas* ist ein Buch, in dem die Phänomene konstatiert werden, das sich aber einer kritischen Distanzierung enthält, wie sie – zumindest rückblickend – gerade auch medientheoretisch plausibel gewesen wäre. Auf der einen Seite wird in *Learning From Las Vegas* Architektur als Teil eines Mediensystems in ihren kommunikativen Möglichkeiten beschrieben, doch die eigentlichen Inhalte der Werbebotschaften und die kommerziellen Interessen der Herstellung von Gütern und Dienstleistungen, die in den Bildern zur Mitteilung kommen, werden nicht benannt. Auf der anderen Seite werden auch die Marktverflechtungen der Architekturproduktion selbst nicht bedacht, womit auch die aus ihnen resultierende Desorganisation des architektonischen Raumes teils abwartend, teils resignativ in Kauf genommen wird.

Zwischen «Junkspace» und «Ort»

Genau an dieser Stelle setzt die politische Architekturkritik der Gegenwart an. Sie kreist um Raumkonzepte, für die man schon keinen verbindlichen Namen mehr findet, daher überschlagen sich unterschiedliche Bezeichnungen. Die Rede ist von «Heterotopien» und «post-spacialem» Raum; von «gefaltetem» oder «flüssigem» Raum; von «Super-Space» und «Zwischenstadt»; von «Hybrid-Raum» und «Junkspace». Letzterer Begriff bedeutet «Raummüll» – mit diesem Wortverdreher ist der «spacejunk» («Weltraummüll») auf die Erde zurückgefallen. «Junkspace» läuft auf das Fazit hinaus, dass die Menschheit nicht nur seit dem Beginn des 20. Jahrhunderts weltweit mehr Gebäude errichtet hat, als in den gesamten Jahrtausenden zuvor, sondern dass dieser gebaute Raum in seiner Masse auch nicht mehr intentional geplant ist – er addiert sich in andauernden Veränderungen gleichsam auf und wird nicht mehr entworfen, sondern kommt zustande.

Diese Gegebenheiten des «Hyperraumes» wurden vielleicht

erstmals von dem Literaturwissenschaftler Frederic Jameson in dessen Aufsatz *«Postmodernism, or The Cultural Logic of Late Capitalism»* (1984) im Hinblick auf die Produktions- und Rezeptionsbedingungen analysiert. Er leistet dies am Beispiel des *Westin Bonaventure Hotel* in Los Angeles, das 1977 nach der Planung von John C. Portman fertiggestellt worden war, der sowohl als Architekt als auch als Investor fungierte. Es hat mit dieser Doppelrolle zu tun, dass die riesige Hotelanlage in Downtown der Stadt den Rücken kehrt und einen selbstbezogenen Komplex von Hotel, Kongresszentrum und Shopping Mall bildet. Gemäß Frederic Jameson ist die Raumlogik des «hyperspace» nicht mehr als Abbild einer Gesellschaftsordnung der Moderne mit einem politischen oder gar auf die Zukunft ausgerichteten Auftrag zu verstehen, sondern sie erscheint als ein Produkt des kapitalistischen Marktes, der sich im beginnenden Neoliberalismus umso mehr beschleunigte. In diesem ökonomischen Regime werde, laut Jameson, «die Frage des Raumes zur wichtigsten Problemstellung» («spacial turn»). Sei dem Subjekt in der Postmoderne ohnedies die Fähigkeit abhanden gekommen, «seine Vergangenheit und Zukunft in einer kohärenten Erfahrung zu organisieren», so werde es darüber hinaus in einen Raum gestoßen, mit dem unsere Sinneswahrnehmung nicht Schritt halten könne: «Es hat eine Veränderung in den Objekten stattgefunden, die von keinerlei adäquaten Veränderungen des Subjekts begleitet wurde. Wir verfügen noch nicht über einen Wahrnehmungsapparat, der so ausgerüstet wäre, dass er es mit diesem neuen Hyperraum aufnehmen könnte.» Spiegeleffekte, Materialcollagen, sich überschneidende Perspektiven, Aufzüge, die an den Wänden entlangrasen, verhindern sowohl am Außenbau als auch im Inneren der Lobby, dass die Organisation und Ausmaße des Raumvolumens erfasst werden können: «Die ständige Geschäftigkeit vermittelt einem das Gefühl, dass diese Leere vollkommen ausgefüllt und man selbst darin untergetaucht ist.»

Jamesons Kritik des «hyperspace» ist unversöhnlich. Man könnte einwenden, dass er die Absichten des Investor-Architekten Portman nicht zur Kenntnis nimmt, der sich mit seinen Bauten von der neutralen modernistischen «box» lossagen wollte und es darauf anlegte, Architektur tatsächlich wieder sensuell erlebbar zu machen, und sei es über die Grenzen der Belastbarkeit hinaus. Es mag auch sein, dass wir im täglichen Umgang mit Hyperräumen inzwischen unsere Wahrnehmung entsprechend justiert haben, und sei es durch die bloße Selektion dessen, worauf wir überhaupt noch reagieren. Doch Jamesons Befunde bleiben essentiell für das Verständnis des Hyperraumes, weil es ihm gelingt, die diesem Raumtypus eigene Rationalität als «kulturelle Logik» einer spezifischen Ökonomie zu bestimmen. Darüber hinaus richtet er den Blick auf einen riesigen Kontinent von Architekturproduktion, der in globalen Dimensionen insbesondere öffentliche und halböffentliche Räume besetzt. Es ist die gebaute Umwelt der Shopping Malls und Kaufhäuser, der Fitness-Center und Fast-Food-Ketten, der Hotels und Großraumbüros, der Veranstaltungshallen und Sportstadien, der Bahnhöfe und Flughäfen.

Geht Jameson in seinem Essay den Hyperraum noch in sozusagen klassischer Weise analytisch an, so taucht der niederländische Architekt Rem Koolhaas in den «junkspace» ein. Im gleichnamigen Aufsatz ist nicht nur die Bezeichnung ganz ins Negative gewendet, Koolhaas geht es auch nicht mehr um die Logik eines Raumtypus, sondern er blickt in einen, wie er schreibt, «Raum ohne Eigenschaften»:

> «Wenn Spacejunk der von Menschen stammende Schutt ist, der das Universum zunehmend vermüllt, so ist Junkspace die Hinterlassenschaft der Menschheit auf dem Planeten. Das gebaute Produkt der Modernisierung ist nicht moderne Architektur, sondern Junkspace. Junkspace ist das, was übrigbleibt, wenn die Modernisierung zu Ende geht, oder, genauer gesagt, das, was gerinnt, während die Modernisierung stattfindet, ihr Fallout. Die Modernisierung hatte ein rationales Programm: die Segnungen der Wissenschaft universell allen zukommen zu lassen. Junkspace ist ihre Apotheose oder ihre Kernschmelze...» (*«Junkspace»*, 2000)

Koolhaas' Text, den er, nicht ohne apokalyptisches Pathos, zur Jahrtausendwende veröffentlichte, ist atemlos in seinen überquellenden Sprachmetaphern, er kommt ohne gliedernde Abschnitte aus und seine Argumentation ist, über das Verdikt hinaus, das im Titelbegriff steckt, kaum zu rekapitulieren. Die Rhetorik ist von überwältigender Brillanz, was allerdings kein Selbstzweck ist. Denn hinter ihr lässt sich eine Strategie vermuten, die man als «performative» Architekturtheorie bezeichnen könnte. Damit ist gemeint, dass der Inhalt der Theorie nicht ausschließlich im Reden über die Architektur als Gegenstand übermittelt wird, sondern auch im sprachlichen Gestus des Textes, ja in dessen Materialität selbst. Wie der reale Raum des «junkspace» zerfällt in Koolhaas' *«Junkspace»* auch der imaginierte Raum in Splitter, die in die Wahrnehmung eindringen. Im Raum, über den geredet wird, sowie im Text, in dem geredet wird, ist alles gleich wichtig oder gleich irrelevant und in ständiger Transformation begriffen.

Dieses performative Verfahren hatte Koolhaas schon in seinem ersten großen und großartigen Theoriebuch über New York angewandt. *Delirious New York. A Retroactive Manifesto of Manhattan* (1978), geschrieben noch zu einer Zeit, als man der Stadt ohnedies jede architektonische Relevanz absprach, ist ein archäologischer Traum von Manhattan. Im Sinne des Untertitels, in dem mit «retroaktiv» ein Begriff aus der Rechtssprache adaptiert wird, rekonstruiert Koolhaas für Manhattan verschiedene Entwicklungsmechanismen, denen zwar keine ausformulierte Theorie oder Planungsabsicht zugrunde liegt, die jedoch genau darin für Geschichte und Gegenwart wirksam werden können. *Delirious New York* ist eine Reflexion über die unzähligen «Rollen», die Architektur in der modernen Kultur spielen kann; es ist zugleich ein Bekenntnis zu den surrealen, unbewussten, poetischen, libidinösen, pathologischen und «deliriösen» Wirklichkeiten der Architektur. Das Titelbild zeigt im Gemälde von Madelon Vriesendorp das *Empire State Building* und das *Chrysler Building*, die, nach dem Beischlaf ermattet im Bett liegend, *en délit* vom *Rockefeller Center*, dem neuen Star in der Society der Wolkenkratzer, erwischt werden (Abb. 17). Der Autor beansprucht mit dem Buch kein kohärentes Programm, sondern lässt sich von der Fülle der penibel recherchierten, originellen historischen Episoden überwältigen. Das Straßenraster Manhattans und die größte Pluralität der «unterschiedlichen Bedeutungen» der einzelnen Häuserblocks, die sich in der Metropole in der Fläche des «grid» ausbreiten, werden im Buch als Abfolge von kurzen Textblöcken reproduziert.

Mit Koolhaas' bislang letztem Großwerk *S,M,L,XL* (1995) wird das Architekturbuch definitiv an die Grenzen von Darstellbarkeit und Verstehbarkeit geführt. Das Buch ist alles in einem, ein Werkverzeichnis des Koolhaas-Büros, eine Anthologie eigener und fremder Texte, ein Manifest und Nachschlagewerk, vom Autor wird es auch als «Roman» bezeichnet. Mit *S,M,L,XL* ist das Architekturtheoriebuch seinerseits zum Hyper-Buch geworden. Der Titel teilt analog zu den Modekonfektionsgrößen nur noch Maßrelationen mit; es gibt keinen einzelnen Autor, sondern ein Netzwerk von Beiträgerinnen und Beiträgern; ein kohärentes Lesen stößt durch Umfang (1.376 Seiten) und Gewicht des Bandes (2,5 kg) schon an physische Grenzen; eine Abfolge des Lesens ist aber auch nicht vorgesehen.

Gegenüber diesen in jeder Hinsicht entgrenzten Theoriegebäuden gibt es selbstverständlich in der Gegenwart auch Ansätze mittlerer und kleiner Reichweiten. Für den französischen Anthropologen Marc Augé sind «Nicht-Orte» (*Non-lieux. Introduction à une théorie de la surmodernité*, 1992) zwar keine Raumgrößen mehr, da in ihnen – insbesondere in Transiträumen wie Flughäfen, Bahnhöfen und Shopping Malls – keine Interaktion mehr stattfinde. Doch deuteten sich immerhin die Möglichkeiten einer befriedigenden Alltagserfahrung in diesen Räumen an, weil deren Erscheinungsbild und Funktionsabläufe mittlerweile global gleichförmig seien und daher wiedererkannt werden könnten. Aus gestalterischer Monotonie und redundanten Handlungsroutinen der Langeweile resultiere in diesen «Orten, für die wir uns nicht zuständig fühlen», psycho-physische Entlastung.

Weniger auf Gegenwartsbeschreibungen, als vielmehr auf die Praxis des Architekturentwurfs ausgerichtet sind Überlegungen zu verschiedenen Modellen des Räumlichen. Die Ansätze der Architekturanthropologie, wie sie sich mit dem Strukturalismus

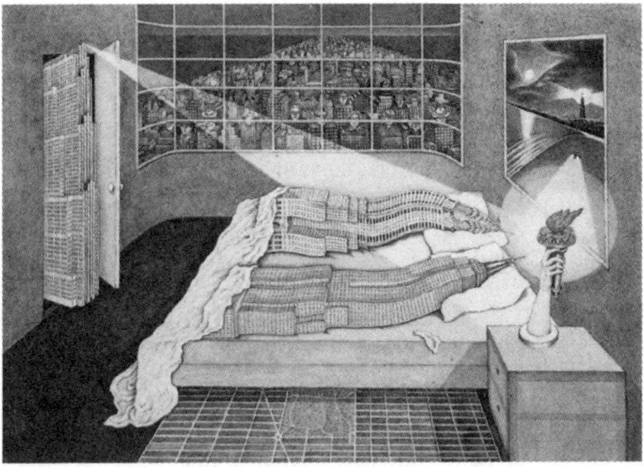

17 – Madelon Vriesendorp, *Flagrant Délit.* Vorlage für das Titelbild von Rem Koolhaas, *Delirious New York. A Retroactive Manifesto of Manhattan*, 1978.

und der etwa gleichzeitig entwickelten Architekturphänomenologie etabliert hatten – hier haben als wichtige Wegmarkierungen die Studien von Gaston Bachelard (*La poétique de l'espace*, 1957), Steen Eiler Rasmussen (*Experiencing Architecture*, 1959) und Otto Bollnow (*Mensch und Raum*, 1963) zu gelten –, wurden in bemerkenswerter Kontinuität bis in die Gegenwart weitergeführt. Der Architekt Charles W. Moore hat sie zusammen mit dem Bildhauer Kent C. Bloomer für die Postmoderne fruchtbar gemacht (*Body, Memory and Architecture*, 1977). Die Autoren gehen von den zeichenhaft verstandenen Grundelementen der Architektur aus (Raum, Ort, Wand, Dach u. a.; inthronisiert wird auch wieder die Säule). Architektur ist für sie die physische («body») und psychische («memory») Inbesitznahme eines «Ortes» («place») durch die Bewohner. Diese sollen durch architektonische Zeichen zu autobiographischen oder intersubjektiven Erinnerungen angeregt werden und ihre personale Identität bestätigt finden. Keineswegs nur metaphorisch verstehen Bloomer und Moore Architektur als die Gestaltung einer «inneren Landschaft des Menschen» («inner landscape of human beings») und als «Manifestation der Träume der Bewohner» («the inhabitants' dreams made manifest»). Wenn in

Body, Memory and Architecture Phänomenologie, Strukturalismus und Semiotik miteinander in Einklang gebracht werden, so sollte bei einer solchen formelhaften Etikettierung doch keinesfalls der sympathische, humorvolle und unaufgeregte Charakter des Buches übersehen werden, wie er sich auch in den comichaften, unterhaltsamen Strichzeichnungen mitteilt.

Bei aktuellen Fortschreibungen der Architekturanthropologie ist zu beobachten, dass diese Gelassenheit bisweilen einem befremdlichen Moralisieren Platz macht. Symptomatisch für diese Tendenz hat der Architekt Juhani Pallasmaa in einem Buch (*The Eyes of the Skin. Architecture and the Senses*, 1996) und in einem Manifest sensualistisch ausgerichtete Entwurfsvorschläge in einen Katalog von Anordnungen gegossen. Es dürfte aber ebenso im Widerspruch zur subjektiven Freiheit von Raumerlebnissen stehen, wenn entsprechende Begriffe wie «Ort», «Atmosphäre» oder neuerdings «Resonanz» im Ton von Beschwörungen vorgetragen werden.

Weiterhin auf den Architekturentwurf bezogen, aber weitaus stärker in die Gesellschaft hineingearbeitet, sind offene Raummodelle. Stan Allen (*Points+Lines. Diagrams and Projects for the City*, 1999) geht in seinen Überlegungen vom Begriff des «Feldes» aus, das in digitalen Technologien, Kommunikationssystemen sowie sozialen Netzwerken bereits vorhanden ist und das er auf die Architektur überträgt: «Form ist von Bedeutung, aber nicht als die Form von Dingen, sondern als die Form zwischen Dingen.» («Form matters, but not so much the forms of things as the forms *between* things.») Allen wendet sich gegen die Alleinautorschaft des Architekten, wie sie seit der Renaissance festgeschrieben worden sei. Er plädiert stattdessen für eine Architektur unter den «Bedingungen des Feldes», welche die Vorstellung vom «von oben» dekretierten und in sich abgeschlossenen Gebäude hinter sich lässt zugunsten des «offenen Rahmens», der «von unten» in Besitz genommen werden kann. Ein Diagramm gibt unter dem Titel «Field Conditions» eine Ahnung von unterschiedlichen Strukturen der Vernetzung, doch Allen erläutert gerade nicht das, was die Bildunterschrift behauptet, nämlich die «Bedingungen» von eben doch immens

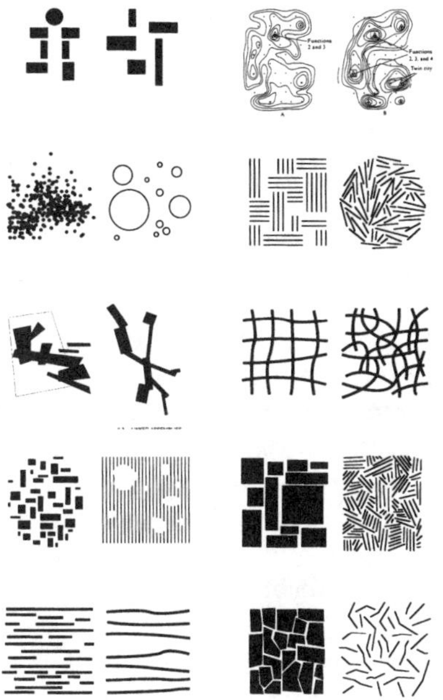

18 – «Field Conditions».
Stan Allen, *Points+Lines. Diagrams and Projects for the City*, 1999.

komplizierteren Kommunikationshandlungen (Abb. 18). Einmal mehr macht die Illustration damit auf die Problematik und die begrenzte Sprachfähigkeit von visualisierter Architekturtheorie aufmerksam.

Ein offenes Raum-Konzept findet sich auch bei Bernard Tschumi, der die Idee der «disjunction» («Trennung», «Entflechtung») nicht nur in seinem Entwurf für den Pariser *Parc de la Villette* umsetzte, sondern sie gleichzeitig auch in mehreren Beiträgen erläuterte (*Architecture and Disjunction*, 1996). Die Pointe seiner Überlegungen besteht darin, dass er gegen den Kontextualismus Einwände erhebt, da Architektur sich keineswegs anzupassen habe, sondern ohnedies ihre eigenen Kontexte erzeuge. Tschumi spitzt diesen gegen das «Ensemble» gerichteten Gedanken mit der Aufforderung zu, sich durch «Guerilla building» und «counter design» von architektonischen und gesellschaftlichen Gegebenheiten abzusetzen.

Um «Widerstand», aber mit entgegengesetzten Mitteln, geht es auch beim «Kritischen Regionalismus», der in den frühen 1980er Jahren in die Debatte eingeführt wurde und eine breite Aneignung unter Architektinnen und Architekten fand. Das Konzept setzt sich als «Architecture of Resistance» (Kenneth Frampton) sozusagen zwischen die Stühle von internationaler Moderne und Postmoderne. Es will die Werte regionaler «Kultur» gegen die Normen globaler «Zivilisation» wieder in ihre Rechte setzen, dabei sollen gegen die szenographische Bildhaftigkeit der *Signature Buildings* wieder Bauweisen zum Zuge kommen, die «Tektonik» und «Haptik» betonen. Neuerdings hat sich offenbar sogar Rem Koolhaas, der Romancier unter den Theoretikern und der Prophet der «bigness», wieder auf solche essentialistischen Kategorien besonnen, wenn er seine Stimme für das Bestehende erhebt (*Preservation Is Overtaking Us*, 2014).

Als kritische Fortschreibung der Architekturtheorie (*architectural criticism*) hat das Nachdenken gegenwärtig ein äußerstes Maß an Differenzierung erreicht, das auch für den Spezialisten und die Akteure im Baugeschäft nicht mehr zu überblicken ist. In Vielfalt und Unübersichtlichkeit spiegelt sich nicht nur die Pluralität der gegenwärtigen Entwurfsansätze, sondern vielleicht noch deutlicher die Tatsache, dass die Architektur als Profession und als Disziplin mehr denn je in unterschiedliche gesellschaftliche Handlungsfelder eingebunden ist. Unter diesen Voraussetzungen hat sich, so wurde es zumindest von dem Architekten und Architekturhistoriker Manfredo Tafuri (*Teorie e storia dell'architettura*, 1968) gefordert, auch Theorie aktualitätsbezogen und «operativ» in die Architekturproduktion einzumischen, indem sie sich mit deren Bedingungen und Ideologien kritisch auseinandersetzt. So wird *architectural criticism* heute von den Beteiligten primär als die Beschreibung der Verflechtungen der Architektur in ihren Außenbeziehungen verstanden. Diese wurden in einem vor einigen Jahren vorgelegten Handbuch umfassend bilanziert (*SAGE Handbook of Architectural Theory*,

2012). Die Herausgeber dekretieren gleich einleitend, dass «architectural theory» nur noch in englischer Sprache stattfinden sollte; damit kapitulieren sie einerseits vor der kolonialistischen «Sprachfresserei» (Louis-Jean Calvet) des Englischen, doch tragen sie andererseits und nicht zu Unrecht dem Sachverhalt Rechnung, dass sich mit der Architekturproduktion auch der *architectural criticism* globalisiert hat. Schon das Inhaltsverzeichnis des Bandes, das die kreativen, intellektuellen, gesellschaftlichen, ökonomischen und ökologischen Bezugsfelder der Architektur absteckt, ist offenbar nur noch als Strudel von Begriffen, als Entropie der Kategorien, darstellbar: «1 Power/Difference/Embodiment»; «2 Aesthetics/Pleasures/Excess»; «3 Nation/World/Spectacle»; «4 History/Memory/Oblivion»; «5 Design/Production/Practice»; «6 Science/Technology/Virtuality»; «7 Nature/Ecology/Sustainability»; «8 City/Metropolis/Territory».

Architektur ist endgültig im Bewusstsein vom «Anthropozän» (Paul Crutzen) angekommen. In dieser Ära, in der die Menschheit zum maßgeblichen Einflussfaktor auf dem Globus wurde, sind die Leistungen der Architekturproduktion gewaltig, aber auch die ausbeuterischen Fehlentwicklungen. Es ist nicht so, dass für das, was schiefläuft, keine Lösungsvorschläge in Sicht wären, sie kollidieren jedoch mit manifesten politischen und ökonomischen Interessen. In ihrer globalen Gesamtheit ist die Architekturproduktion, so scheint es, bestenfalls noch Krisenmanagement. Diese Einschätzung hat auch Folgen für die Architekturtheorie: Denn welchen Anlass und vor allem welche Bewertungsmaßstäbe gibt es noch in einem Gesamtsystem, dem die Problematik des Handelns sozusagen von Haus aus innewohnt und bei dem das Hauptdilemma darin besteht, die destruktiven Folgen des Handelns zu minimieren? Welchen Wert hat theoretische Erkenntnis noch ohne das Technologieversprechen der Innovation? Gegenwärtig lebt über die Hälfte der weiterhin wachsenden Erdbevölkerung in Städten. Hier wie auf dem Land soll Architekturproduktion, zusammen mit der Produktion von Nahrungsmitteln und Kleidung als den beiden anderen technischen Großsektoren der Güterproduktion, die Grundversorgung der Weltbevölkerung aufrechterhalten. Hauptbedingungen für diese Versorgung können für die Zukunft nur die breite Partizipation und der offene Zugang zu materiellen und ideellen Ressourcen sein. Dies gilt uneingeschränkt auch für die Architektur, was aus theoretischer Perspektive auf das Plädoyer für ein Verständnis von Architektur als partizipativ geteilter Ressource hinausläuft.

Auf den Kosmos der Architekturtheorie zurückblickend wäre es fast verwunderlich, wenn auch darüber nicht schon früher nachgedacht worden wäre. Und tatsächlich gibt das Versprechen der Teilhabe an der Architektur schon der englische Architektur-Dilettant John Evelyn («*Account of Architects and Architecture*», 1664), der von den vielen Schöpfern eines Bauwerks spricht: «architectus ingenio, architectus sumptuosus, architectus manuarius, architectus verborum». Die Rede ist also vom Architekten des Entwurfs, von dem «das Haus verzehrenden» Bewohner-Architekten, dem Handwerker als Baumeister und dem Architekten der Theorie.

Dank

Das vorliegende Buch ist thematisch von Hanno-Walter Kruft angeregt, bei dem ich studiert habe, als er an seiner *Geschichte der Architekturtheorie* (1985) schrieb. Meine Kolleginnen und Kollegen sowie die Studierenden an der Architekturfakultät der TU München haben mir viel über Architektur beigebracht. Das Kunsthistorische Institut in Florenz/Max-Planck-Institut und dessen Direktor Alessandro Nova ermöglichten durch einen Gastaufenthalt im März 2017 einen ebenso entspannten wie zügigen Abschluss des Manuskriptes. Stefanie Hölscher danke ich für ihr Vertrauen und – zusammen mit Thomas Weidner – für zahlreiche Klärungen im Text. Von meiner Frau Gabriele Weidenfeller habe ich fast alles, worum es beim Zusammenleben und damit auch bei der Architektur geht, erfahren.

Bildnachweis

Bei den Abbildungen handelt es sich meist um Reproduktionen aus den in den Abbildungsunterschriften genannten Publikationen. Abb. 11: © Bildarchiv Foto Marburg/Dieter Schumacher; Abb. 12, 13: © FLC/VG Bild-Kunst, Bonn 2017; Abb. 14 aus: A. Lüchiger, Strukturalismus in Architektur und Städtebau, Stuttgart 1981, S. 135; Abb. 15 aus: A. Ferlenga Hg., Aldo Rossi Architetture 1959–87, Mailand 1987, S. 157; Abb. 17 aus: Shumon Basar u. a. Hg., The World of Madelon Vriesendorp, London 2008, Taf. 27B, © Madelon Vriesendorp. Leider war es nicht in allen Fällen möglich, die Inhaber der Rechte zu ermitteln. Wir bitten daher gegebenenfalls um Mitteilung. Der Verlag ist bereit, berechtigte Ansprüche abzugelten.

Literaturhinweise

Im Text werden nur bei umfangreicheren Werken Kapitel- oder Seitenangaben mitgeteilt. Die Titel und Ausgaben der Quellenschriften sind problemlos über die Literatur zur Architekturtheorie sowie über das Internet zu erschließen. Die Übersetzungen fremdsprachiger Zitate stammen in der Regel vom Autor.

Die Architekturtheorie liegt in einem umfangreichen Quellencorpus vor, das bis in die unmittelbare Gegenwart reicht und sowohl bibliographisch als auch wissenschaftlich umfassend erschlossen ist. Den ausführlichsten, an den Primärquellen orientierten Überblick mit umfangreicher Bibliographie gibt H.-W. Kruft, *Geschichte der Architekturtheorie. Von Vitruv bis zur Gegenwart* (1985), München ^{6}2013; bibliographische Ergänzungen durch Kruft, ^{3}1991, S. 713–718 sowie durch D. Erben und E. Wegerhoff zur Aufl. ^{6}2013, S. 719–730.

In der Gegenwart sind die Übergänge zwischen Theoriefortschreibung, Architekturkritik und Architekturgeschichte fließend; die ausführlichste aktuelle

Darstellung ist C. G. Crysler u. a. Hg., *SAGE Handbook of Architectural Theory*, Los Angeles 2012.

Zur Architekturtheorie bieten zahlreiche kommentierte Anthologien einen Zugang; chronolog. einige Titel bes. zum 20. Jh.: K. Nesbitt, *Theorizing a New Agenda for Architecture. An Anthology of Architectural Theory 1965–1995*, New York 1996; K. M. Hays Hg., *Architecture Theory since 1968*, Cambridge, Mass. u. a. 1998; H. F. Mallgrave Hg., *Architectural Theory. 1. An Anthology From Vitruvius to 1870. 2. An Anthology From 1871 to 2005*, Oxford 2005–2008; F. Neumeyer Hg., *Quellentexte zur Architekturtheorie: Nachdenken über Architektur*, München 2002; A. Moravánsky Hg., *Architekturtheorie im 20. Jh. Eine kritische Anthologie*, Wien 2003; A. K. Sykes Hg., *The Architecture Reader: Essential Writings from Vitruvius to the Present*, New York 2007; M. Biraghi u. a. Hg., *Le parole dell'architettura. Un'antologia di testi teoretici e critici: 1945–2000*, Mailand 2009; A. K. Sykes, *Constructing a New Agenda. Architectural Theory 1993–2009*, New York 2010.

Die beste Untersuchung nicht nur zur Begriffsgeschichte der Architekturtheorie, sondern auch zu deren intellektuellen Grundlagen stammt von A. Forty, *Words And Buildings. A Vocabulary of Modern Architecture*, London 2000. Als Lexikon ist unverzichtbar: *Ästhetische Grundbegriffe*, hg. v. K. Barck u. a., 7 Bde, Stuttgart 2000–2005 (Studienausg. 2010).

Knappe, auf einzelne Themen konzentrierte deutschsprachige Einführungen liegen vor von: G. German, *Einführung in die Geschichte der Architekturtheorie* (1980), Darmstadt ^{3}1993; J. H. Gleiter, *Architekturtheorie heute*, Bielefeld 2008; A. Hahn, *Architekturtheorie: Wohnen, Entwerfen, Bauen*, Wien 2008; K. Jormakka, *Geschichte der Architekturtheorie*, Wien 2003 (^{3}2007).

Weiterführende neuere monographische Literatur zu früheren Epochen und einzelnen Sachgebieten alphabethisch nach Autoren: C. Buckley Hg., *After the Manifesto. Writing, Architecture, and Media in a New Century*, New York 2014; M. Carpo, *Architecture in the Age of Printing. Orality, Writing, Typography, and Printed Images in the History of Architectural Theory*, Cambridge, Mass. u. a. 2001; D. Erben Hg., *Das Buch als Entwurf. Eine Geschichte der Architekturtheorie in Textgattungen*, Paderborn 2018 (in Vorbereitung); J.-Ph. Garric Hg., *Le Livre et l'architecte*, Wavre 2011; W. Kemp, *Architektur analysieren. Eine Einführung in acht Kapiteln*, München 2009; J. Onians, *Bearers of Meaning. The Classical Orders in Antiquity, the Middle Ages, and the Renaissance*, Princeton N. J. 1988; A. Payne, *The Architectural Treatise in the Italian Renaissance. Architectural Invention, Ornament, and Literary Culture*, Cambridge, Mass. u. a. 1999; K. J. Philipp, *Um 1800. Architekturtheorie und Architekturkritik in Deutschland zwischen 1790 und 1810*, Stuttgart 1997; R. Rolf Hg., *Vitruviuscongres*. Tagungsakten 1995, Heerlen 1997; A. Taveres, *The Anatomy of the Architectural Book*, Zürich 2016; B. Tschumi u. a. Hg., *The State of Architecture at the Beginning of the 21st Century*, New York 2003; R. Wittman, *Architecture, Print Culture and the Public Sphere in Eighteenth-Century France*, New York 2007; A. Vidler, *The Writing of the Walls. Architectural Theory in the Late Enlightenment*, Princeton N. J. 1987.